高校体育舞蹈课程理论与实践研究

肖志艳　著

中国海洋大学出版社
·青岛·

图书在版编目（CIP）数据

高校体育舞蹈课程理论与实践研究/肖志艳著. —
青岛 ：中国海洋大学出版社，2021. 9
ISBN 978 - 7 - 5670 - 2947 - 7

Ⅰ. ①高…　Ⅱ. ①肖…　Ⅲ. ①体育舞蹈—教学研究—
高等学校　Ⅳ. ①G831. 32

中国版本图书馆 CIP 数据核字（2021）第 200694 号

出版发行　中国海洋大学出版社
社　　址　青岛市香港东路 23 号　　**邮政编码**　266071
出 版 人　刘文菁
网　　址　http：//pub. ouc. edu. cn
电子信箱　2586345806@qq. com
订购电话　0532 - 82032573（传真）
责任编辑　矫恒鹏　　**电　　话**　0532 - 85902349
印　　制　青岛至德印刷包装有限公司
版　　次　2023 年 3 月第 1 版
印　　次　2023 年 3 月第 1 次印刷
成品尺寸　170mm×240mm
印　　张　7
字　　数　118 千
印　　数　1～1 000
定　　价　39. 00 元

前　言

体育舞蹈是起源于西方国家的一种舞蹈形式，已经历了数百年的演变过程，但在我国的推广普及不过 20 多年。随着“终身体育”和“健康第一”理念的不断深入，高校体育教学也在进行着自身的变革，以往单纯的活动形式已不能满足学生对体育的需求，需要新的教学形式来丰富学生的课堂，达到锻炼身体与陶冶情操的目的。体育舞蹈是一项国际流行的、健与美紧密结合的运动项目，自然成为高校学生所热衷的一项运动。高校体育舞蹈教学不仅能促进学生身体的均衡发展，而且能净化学生的心灵，培养学生的行为美，提高学生的审美能力。体育舞蹈与人们日益追求人体健与美的时代精神相契合。

由于体育舞蹈的逐渐推广及其特有的观赏性和艺术感染力，作为体育教学的内容之一，体育舞蹈越来越受到大学生的重视和欢迎。体育舞蹈开始面向全体大学生，成为公共体育课的重要组成部分。但这同时也给体育舞蹈教学带来了一定难度。我们为了顺应国内高校体育舞蹈的迅速发展和对体育舞蹈教学内容的规范而编写此书。

本书共分为五章，第一章介绍了体育舞蹈的起源与发展以及体育舞蹈基本常识等知识；第二章是高校体育舞蹈课程内容资源开发利用的研究；第三章是高校体育舞蹈教学与方法体系研究，分析介绍了高校体育舞蹈课程教学的原则与特点、类型与实施，并对高校体育舞蹈个性化教学及教学方法创新进行了重点研究，以期为体育舞蹈教学改革提供参考；第四、五章详细分析了拉丁舞与摩登舞教学的理论与实践。

在本书的编写过程中，参考、吸收和借鉴了部分学者、专家的理论和研究成果，在此表示衷心的感谢。本书难免有疏漏之处，真诚地希望广大同行和读者对本书提出宝贵的意见，以便日后进一步完善和提高。

作者

2018 年 1 月

目 录

第一章　体育舞蹈基本理论研究

第一节　体育舞蹈的起源与发展

体育舞蹈是以人自身的形体动作为手段，通过充满生命活力的韵律，抒发人内心情感的身体活动。体育舞蹈集体育、音乐、舞蹈于一体，具有健身、竞技、消遣、娱乐、审美等功能。

体育舞蹈又称“国际标准舞”，其原名为“舞厅舞”或称“舞会舞”，也有人称之为“社交舞”“交谊舞”“交际舞”。体育舞蹈包含摩登舞和拉丁舞两大类，共 10 个舞种。摩登舞分为华尔兹、探戈、狐步、快步、维也纳华尔兹；拉丁舞分为伦巴、恰恰舞、桑巴、斗牛和牛仔舞。

一、体育舞蹈的起源

体育舞蹈的前身是交际舞。作为社交活动的交际舞，可追溯到原始社会的氏族部落。那时，跳舞是一种普遍性的活动，人们常常用舞蹈或动作来表达和抒发自身的各种感情。例如，氏族部落为了庆祝丰收，或是为了祈祷雨和阳光而跳动。他们身躯着色，在火的衬托下，穿着精心制作的草裙，利用激发情趣的节奏来刺激舞蹈者的感觉。原始社会的这些舞蹈满足了人们当时的社会生活和身心发展的需求。

12 世纪，在西方宫廷中形成了流行的“宫廷舞”。当时的宫廷舞不仅强调舞步，而且也要求一些新的技能，舞蹈高雅繁杂，拘谨做作，加上礼节的约束，使得“宫廷舞”不同于民间舞那种自由活泼的风格，它只在宫廷盛行，专供贵族们习跳和欣赏，并包含了彼此间寒暄的见面礼。这便是体育舞蹈的开端。

16 世纪，被称为“乡村舞”的队列舞在英国盛行。17 世纪，欢快活泼的加伏舞和稳重大方的双人舞、小步舞在欧洲尤为著名。而在许多国家的民间则流行跳一些简单的舞蹈，如俄国的哥萨克舞、意大利的塔兰台拉舞、爱尔兰的快步舞、西班牙的吉卜赛舞等。

18世纪中期，华尔兹在维也纳郊区和奥地利高山地区产生。到了18世纪末，这种奥地利民间舞蹈被上流社会所接受，并传入法国。法国革命后，华尔兹受到普遍欢迎。

1768年，在巴黎出现了第一家交际舞舞厅，由此交际舞开始在欧美各国流行，成为一种普遍的社交方式。

19世纪初，非洲的探戈在阿根廷和乌拉圭兴盛一时，阿根廷人把西班牙哈巴涅拉舞和包利罗舞的某些动作收入探戈中，使探戈广为流传。19世纪末，一种糅合了三拍舞步和两拍舞步的狐步舞雏形开始形成。受到了狐步舞的影响，原有的华尔兹舞步亦不断地丰富完善，并形成了快速和慢速两种风格（维也纳华尔兹和波士顿华尔兹）。同时来自非洲、拉丁美洲的大量移民也带来了具有强烈民族特点和热带地区风格的民间舞。

从20世纪起，古典的体育舞蹈随着艺术发展而出现了现代舞流派，如源于非洲的美国黑人“爵士舞”应运而生。同时，随着舞蹈造型、舞蹈语言的生成和舞蹈艺术的广泛传播，阿根廷的“探戈”、古巴的“伦巴”、巴西的“桑巴”等舞蹈，也在英国舞厅中各呈异彩。至此，体育舞蹈的发展在许多国家都已形成规模，且各具特色。例如，美国盛行狐步舞，奥地利、德国盛行维也纳华尔兹，阿根廷、西班牙则以探戈舞著称，拉丁舞系流行于美洲。

1924年，英国皇家舞蹈教师协会对当时的交际舞加以整理，将各种舞的舞步、舞姿、跳法加以系统化、规范化，并审定了7种舞的基本步法规范，这便是最初国际一致公认的“体育舞蹈”（现在称之为老国标舞），即布鲁斯（Blues）、慢华尔兹（Slow Waltz）、快华尔兹（Quick Waltz）、快步舞（Quick Step）、狐步舞（Slow Foxtrot）、伦巴（Rumba）、探戈（Tango）。1950年，由英国ICBD（摩登舞国际理事会）主办了首届世界性的大赛“Blackpool Dance Festival 1950”（“黑池舞蹈节”），并把规范后的舞蹈命名为国际标准交谊舞，以后每年的5月底，在英国的黑池都举办一届世界性的大赛。通过比赛，国际标准交谊舞在世界各地不断推广，其自身也得到了发展。第二次世界大战以后，英国皇家舞蹈教师协会又整理了拉丁舞蹈，并将它纳入国际体育舞蹈的范畴。

1960年，拉丁舞也成为世界交际舞锦标赛的比赛项目，这样，国际上形成了具有统一舞步的两大系列10个舞种的国际标准舞。体育舞蹈从此以其超凡脱俗的艺术魅力成为舞苑奇葩。

二、体育舞蹈的发展

体育舞蹈的发展离不开体育舞蹈组织的管理、组织及推广。目前，国际上有两个国际体育舞蹈组织：一个是国际体育舞蹈联合会（International Dance Sport Federation，简称 IDSF），另一个是世界舞蹈及体育舞蹈理事会（World Dance and Dance Sport Council，简称 WDDSC）。国际体育舞蹈联合会是管理业余体育舞蹈事务和比赛的国际组织，世界舞蹈及体育舞蹈理事会是管理职业体育舞蹈事务和比赛的国际组织。

体育舞蹈的第一个国际组织是于 1935 年 12 月 10 日在布拉格成立的国际业余舞蹈联合会（IADF），当时的会员国有奥地利、捷克斯洛伐克、丹麦、英国、法国、德国、荷兰、瑞士及南斯拉夫。不久，波罗的海国家以及比利时、加拿大、意大利、挪威也相继加入。奥地利的格拉兹人弗朗兹·布切勒当选为联合会的首任主席。1956 年更名为国际业余舞蹈理事会（ICAD），后来在 1990 年又更名为国际体育舞蹈联合会（IDSF）。1992 年，IDSF 成为国际单项体育运动联合会总会（GAISF）的正式会员。1995 年，IDSF 取得了世界运动协会（IWGA）和国际体育总会（ARISF）的会员资格。1995 年，IDSF 成为国际奥委会的临时会员。1997 年 9 月，体育舞蹈正式得到国际奥委会承认，IDSF 成为唯一代表体育舞蹈的国际组织。2000 年，体育舞蹈成为悉尼奥运会闭幕式的表演项目。同年，IDSF 向国际奥委会申请体育舞蹈作为夏季奥运会正式比赛项目。在几十年的发展过程中，IDSF 的会员在不断发展壮大：1970 年 IDSF 有 22 个会员国和会员协会，1980 年有 28 个会员国和会员协会，1990 年有 34 个会员国和会员协会，截至 2009 年底，IDSF 拥有 84 个会员国和会员协会。

世界舞蹈与体育舞蹈理事会（WDDSC），简称世界舞蹈总会，它的前身是摩登舞国际理事会（ICBD）。在菲利浦·理查德森的极力鼓动下，22 名来自 12 个国家的职业舞蹈者于 1950 年 9 月 22 日在苏格兰爱丁堡创建了摩登舞国际理事会（ICBD），这是第一个国际职业舞蹈组织。最初它的成员国包括 9 个欧洲国家和三个其他地区的国家，而今已经成为职业舞蹈及体育舞蹈的世界顶尖权威机构。理事会的目标是激励并促进会员的舞蹈发展，理事会要求任何一个国家的会员都应当在与 WDDSC 相似的民主原则下运作，每个国家只允许有一个会员。

第二节 体育舞蹈基本常识

一、体育舞蹈基本术语

（一）舞程向

舞程向是指整套舞蹈行进的方向。摩登舞的特点之一是在行进中完成整套动作，为了避免舞者之间相互碰撞，规定在舞场起舞时均按逆时针方向行进。

（二）舞程线（L. O. D）

舞程线是指舞者在起舞时沿舞场四侧之一按舞程方向行进时的直线。舞程线英文简称 L. O. D。舞程线在舞池中没有实际的标记，它是一条围绕舞池逆时针运行的假设线。舞者如都按照舞程线运行，就不会冲撞。在长方形场地中，起舞时的最佳位置位于 A 线或 B 线的起端。

当面向舞程线时，右边称为壁（wall），左边为中央（center），舞程线的右斜方向称为斜壁（diagonally to wall），舞程线的左斜方向称为斜中央（diagonally to center），舞程线的相反方向称为逆舞程线（against L. O. D），舞程线的后左斜方向称为逆斜中央（diagonally to center against the L. O. D），舞程线的后右斜方向称为逆斜壁（diagonally to wall against the L. O. D）。

（三）步位

步位是指一个步子在行进时所表现出的双脚的相关位置。

（四）方位

方位是指舞步在结束时脚部（而不是身体）所对的方向与房间（或体育馆）所形成的关系，它包括面对或面向、背对或背向、指向。面对、背对所表示的是双脚和身体朝着同一方位，而指向则是指双脚与身体朝着不同的方位（指向一般用于在侧行位下前进时）。

（五）舞姿

舞姿是指舞者跳舞的姿态，即人体的姿态、造型、步伐等动作过程中的动态形象。

（六）合对位舞姿

合对位舞姿（闭式位舞姿、合位舞姿）中的“合”指男女交手握持，“对”指男女面对面。这个术语泛指男女面对、双手握持的身体位置，英文简写为 C. P（也可简写为 CP.）。

在摩登舞和拉丁舞中，分别采用不同的合对位舞姿。

（七）侧行位舞姿

侧行位舞姿（开式位舞姿），英文简写为 P. P（也可简写为 PP.），是指男士的右侧与女士的左侧身体紧密贴靠，身体的另一侧略向外展开成“V”形站立或行进的身体位置。

（八）外侧位舞姿

外侧位舞姿是指在标准舞中，男女舞伴的一方向另一方的右外侧（常见）或左外侧（较少见）前进所形成的身体位置。

（九）并肩位舞姿

并肩位舞姿是指在拉丁舞中，男女面对同一方向肩臂相并的身体位置。并肩位舞姿包括右并肩位舞姿和左并肩位舞姿。以男士为基准，男士左肩与女士右肩相并称为左并肩位舞姿，男士右肩与女士左肩相并称为右并肩位舞姿。

（十）影子位舞姿

影子位舞姿是指男女舞伴面向同一方向重叠而立、形影相随的身体位置，以女士居前较常见。

（十一）反身动作

反身动作英文简写为 C. B. M.（也可简写为 CBM.），是指一脚前进或后退时，异侧肩和髋后让或前送，使身体与舞步形成反向配合的身体动作，反身动作一般用于转的开始，在轴转时则更为明显。

（十二）反身动作位置

反身动作位置英文简写为 C. B. M. P.（也可简写为 CBMP.），是指在身体不转动的情况下，移动脚与支撑脚交叉前进或后退在同一条线上，或者在侧行位上交叉行进，以保证舞伴两人身体维持相靠姿态的身体位置，它常用于外侧位舞姿、侧行位舞姿的舞步中。

（十三）升降动作

升降动作（起与伏）是指在跳舞时身体的上升与下降。升降动作是在膝、踝、脚趾关节的屈和伸动作的转换过程中完成的。

（十四）摆荡动作

摆荡动作是指舞者在身体上升做斜向和横向移动时，像钟摆似的把身体摆动起来。

（十五）倾斜动作

倾斜动作是指在跳一些舞步时身体的倾斜。从形体上讲，倾斜动作是肩的平移线向左或向右的倾斜，它与地面的水平线呈三角斜线。

（十六）节奏

节奏通常指音的长短、强弱做周期性变化的形态。

（十七）速度

速度是指音乐速度，即音乐进行时节拍的相对快慢程度。

（十八）动作组合

动作组合是指两个或两个以上的舞步型的结合。

（十九）套路

套路是指由若干个组合串编成一套完整的舞步型。

（二十）A 线、B 线

体育舞蹈正式比赛场地为长方形，为了便于教学或编排，通常将场地的两条长边线称为 A 线，将场地的两条短边线称为 B 线。

二、体育舞蹈基本技术动作术语

（一）准线

准线是指双脚的位置或双脚方向与房间的关系。

（二）平衡

平衡是指舞蹈中身体重心的准确分配。

（三）基本舞步

基本舞步是指构成一种特定舞蹈的基础舞步。

（四）脚跟转

脚跟转是指向后迈出的脚的脚跟转。在动作过程中，并上的脚必须与主力脚平行；旋转结束时，身体重心移动至并上的那只脚。

（五）脚跟轴转

脚跟轴转是指不变重心的单一脚跟旋转。

（六）轴转

轴转是指一脚脚掌的旋转，另一脚处于或前或后的反身动作位置。

（七）锁步

锁步是指一脚在前，一脚在后，前脚脚跟与后脚脚背相贴，脚尖方向平行，小脚趾相靠的交叉形舞步。

（八）滑步

滑步是指在第二步双脚并拢的三步组成舞步，是一种过程性的特殊运动状态，可分为前进步和后退步两种。

（九）踌躇步

踌躇步是指前进暂时受阻的舞步型或舞步型部分，重心停留一脚超过一拍。

（十）逗留步

逗留步是指身体运动或旋转受阻时的部分舞步型，双脚几乎静止不动。

（十一）擦步

擦步是指当动力脚从一个开位向另一个开位移动时，必须先与主力脚靠拢，而重心不变的舞步。

（十二）交叉步

交叉步是指双脚一前一后的舞步。与锁步不同的是，交叉步中交叉的双脚未必相贴，且深度交叉时两脚分离较远。

（十三）并步

并步分为向前、后、侧三种并步。以前并步为例，左脚向前迈一步，右脚用前脚掌在左脚侧点地，身体重心仍在左腿上。

三、旋转角度与方位术语

标准舞是一种在赛场内按逆时针方向运行的舞蹈，因此，每一舞步在开始和结束时所站的方位、运行过程中身体转动的角度都有严格规定。角度和方位是研究和表述舞步正确方向的重要依据。

（一）旋转角度的认定

脚或身体转动的幅度大小用转动的度数表示，即角度。转动 45°为 1/8 周，转动 90°为 1/4 周，转动 135°为 3/8 周，转动 180°为 1/2 周，转动 225°为 5/8 周，转动 270°为 3/4 周，转动 315°为7/8周，转动 360°为 1 周（图 1-1）。

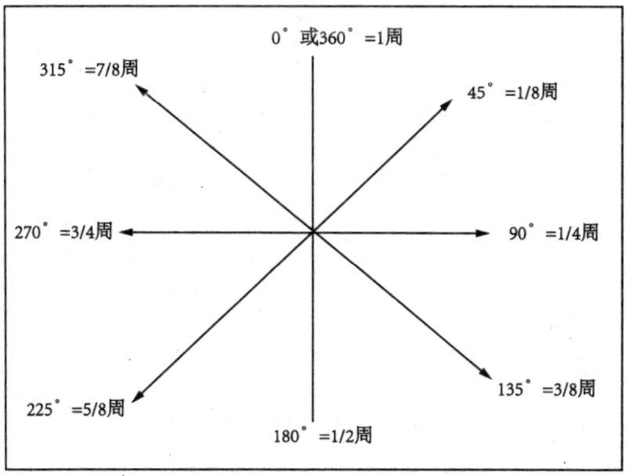

图 1-1　体育舞蹈角度示意

（二）方位的确定

在体育舞蹈行进中，为了便于正确地辨别身体的方位和检查旋转的角度，根据国际上记录各种舞蹈的惯例，在舞场上规定一定的方位来加以规范。一般情况下，多以乐队的演奏台一面为规定方位的基点，定为“1点”（也可在场地中任选一个面定为“1点”），向顺时针方向每转动45度角变动一个方位，如此围绕场地一圈，共经过8个点。因此，一块场地中的4个面为1、3、5、7点，4个角为2、4、6、8点（图1-2）。

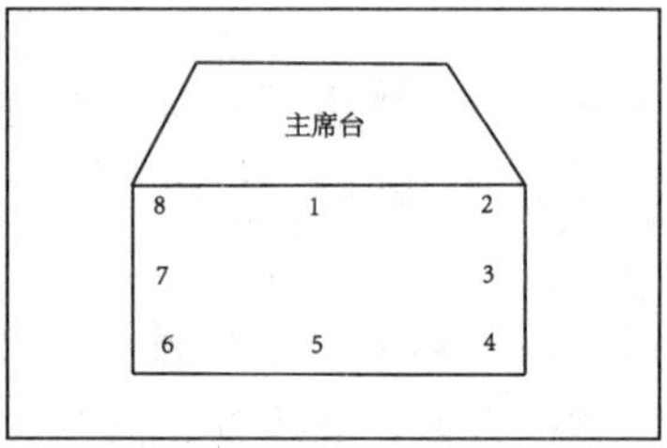

图1-2　体育舞蹈方位示意

以上所述方位是在一个固定方位时用的。如果舞蹈者按舞程线不断变换方位向前移动，则又和舞程线发生联系。在国际上规定了8条线来指示舞蹈每个舞步的行进方向。这8条线（图1-3）分别是：①舞程线；②斜壁线；③壁线；④逆斜壁线；⑤逆舞程线；⑥逆斜中央线；⑦中央线；⑧斜中央线。

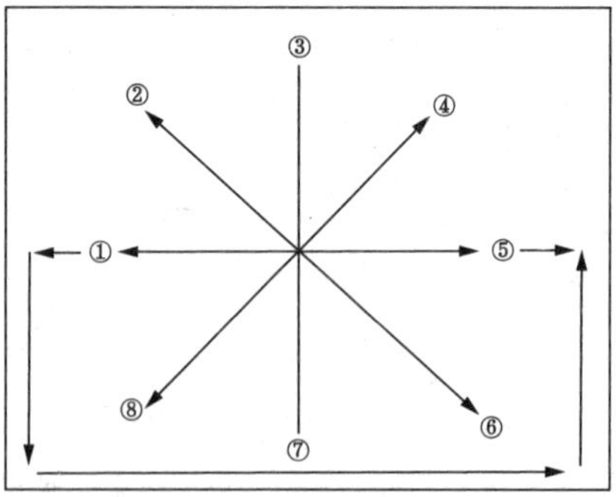

图1-3　体育舞蹈各线位置示意

练习者在沿着舞程线行进的过程中，无论行进到场地的哪一点，上述规律都是适用的。在指明舞伴两人舞步的行进方向时，应以男士的动作作为基准，女士的动作则应该与之相对应。如在合对位舞姿的前提下，指明男士的方向是面对中央线时，则女士必须正对舞伴形成背对中央线的身体位置。

四、常见符号的记写

（1）S：英文 slow 的缩写，意为慢，表示该动作要慢，一般跳两拍一步。

（2）Q：英文 quick 的缩写，意为快，表示该动作要快，一般跳一拍一步。

（3）&：英文 and 的缩写，即前面所指示的拍子的一半。

（4）H：英文 heel 的缩写，意为脚跟着地的记录符号。

（5）T：英文 toe 的缩写，意为脚尖着地的记录符号。

（6）H. T：英文 heel－to－toe 的缩写，意为脚跟着地再过渡到脚尖的记录符号。

（7）T. H：英文 toe－to－heel 的缩写，意为脚尖着地再过渡到脚跟的记录符号。

（8）I. E：英文 inside edge 的缩写，意为内侧边缘，即一脚沿另一脚的内侧向前或向后做动作的记录符号。

五、体育舞蹈礼仪介绍

（一）体育舞蹈礼仪概念的界定

在体育舞蹈规则里明确指明了几条礼仪要求，虽然条数有限，没有给予礼仪定义，但对礼仪的要求是清晰的。定义体育舞蹈礼仪的概念既可参照生活礼仪，还应参照体育礼仪界定的研究成果。

有专家认为，体育礼仪主要是指人们在体育交往中所应该具有的相互表示敬重、亲善和友好的行为规范。从某种意义上说，体育礼仪就是仪表、服饰、语言、礼貌礼节以及典礼仪式在体育文化活动中的综合运用。它是礼仪文化在体育方面的具体体现，在很大程度上是与运动规则相同的。

体育舞蹈是体育的一个分支项目，体育舞蹈礼仪既是生活礼仪在体育舞蹈这一项目中的具体体现，又是竞赛规程约定俗成的行为规范，这种行为规范是日常生活礼仪的高度升华与再现，是艺术性项目客观要求的集中体现。凡能增强体育舞蹈高雅、优美与文明特征的相关礼仪都可归属为体育舞蹈礼仪的范畴。由此可以得出，体育舞蹈礼仪主要是指人们在体育舞蹈训练、竞赛与日常交流活动中所应该具有的相互敬重、亲善和友好的行为规范或准则。从某种意义上说，体育舞蹈礼仪就是仪表、服饰、语言、礼貌、礼节以及典礼仪式在体育舞蹈训练、竞赛与日常交流活动中的综合运用。对于运动员个人来讲，体育舞蹈礼仪是思想道德、文化修养、交际能力的外在表现；对于一个社会来讲，体育舞蹈礼仪是一个国家社会文明程度、道德风尚和生活习惯的反映。

（二）体育舞蹈礼仪的表现形式与手段

从体育舞蹈礼仪的概念可以看出，礼仪其实也是个人意识修养的外在表现，这种表现应在训练、竞赛与日常生活等不同时期，在对人、对物与对自我等不同方面，用“物”和“语言”的表现形式显示出来。虽然训练、竞赛与日常生活的不同时期，对礼仪要求有一定的差异，但文明、优雅的核心实质是一致的。在此，本书重点论述体育舞蹈项目怎样用“物”和“语言”的形式，体现“对他人、使物方法、自我行为”的礼仪，如图 1-4 所示。

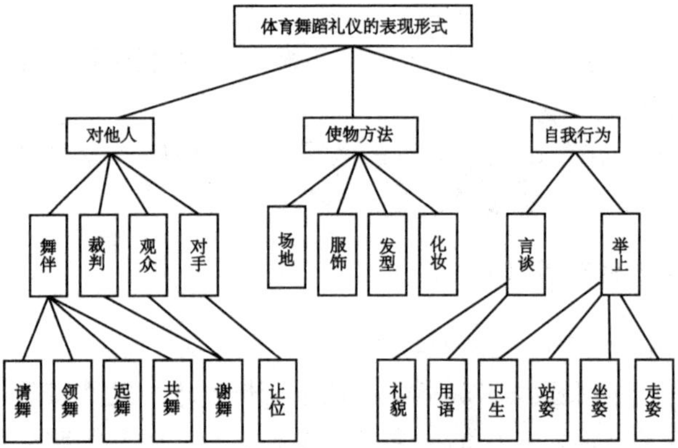

图 1-4　体育舞蹈礼仪的表现形式

1. “对他人”的礼仪

不管是训练还是比赛，体育舞蹈都表现为人与人的接触，这其中有舞伴之间的配合，有裁判对选手的评判，有观众对舞者的认可，也有对手之间的礼让。在这些“对他人”的接触中，表现出来的礼仪贯穿体育舞蹈表演的整个过程，集中体现在请舞、领舞、起舞、共舞、谢舞、让位之中。

（1）请舞

请舞，又叫邀舞，是舞曲响起后，男士听清楚音乐的节奏和所跳舞蹈是几步舞后，主动走到女士面前邀请对方跳舞。一般来说，跳舞时应是男士主动邀请女士，但并不排除女士邀请男士的形式。男士邀请女士跳舞时，女士可以拒绝，但要很有礼貌地婉言谢绝。

(2) 领舞

领舞，即邀请到舞伴后带对方到舞池中去跳舞。做法有两种：如果在正规场合中跳舞，男士要用右手或左手，牵带女士的左手或右手，掌心向上；如果是在非正式场合中或者是和同事、朋友及比较熟悉的人在一起跳舞，邀请舞伴后，以男士在前，女士在后跟随的方式去舞池中跳舞。

(3) 起舞

起舞，表示在音乐开始之前的起势动作。此时，男女分开相向站立，男士正面站立，以左手邀请，虎口向上；女士侧身站立，看到男士的起势动作后，有两种回应：一种是直接交手共舞，另一种是双手携裙，右脚在左脚后，左膝微屈，以示诚意，然后交手共舞。

(4) 共舞

共舞是和舞伴随着音乐共同跳舞的过程。在共舞时，应当保持优美的舞姿，遵循跳舞场合的礼节。在共舞过程中，男士对女士应多关照，始终以礼相待，引带手势要清楚，不要用力，直至一支舞曲结束。

(5) 谢舞

谢舞是男士领带女士共舞结束时以形体动作向舞伴表示谢谢和再见的礼节。根据音乐结束时的旋律，男士左手举高引带女士向左旋转一圈或两圈，以示感谢。此动作要求，男士掌握动作要领，讲究规范，高质量地完成。谢舞要面对评委或者观众，面对评委的目的是取得较好的比赛成绩；面对观众的目的是通过观众的认可，以求对自己成果的肯定。谢舞主要针对裁判、观众而言。

(6) 让位

让位主要针对对手而言。选手们在体育舞蹈竞赛中按照自己的舞蹈组合行进，难免会有一些身体接触和碰撞，为了使比赛正常进行，选手的竞技水平正常发挥，相互让位就显得尤为重要。

2. “使物方法”礼仪

体育舞蹈的场地是进行体育舞蹈训练和比赛的用地，作为公共场所要注意对其爱护，而个人发型、妆容与服饰是体育舞蹈礼仪体现个人品位的载体，因此“使物方法”的礼仪就主要体现在场地、发型与妆容、服饰上。

(1) 场地

选手要爱护场地，不得随地吐痰，乱扔垃圾。

（2）发型与妆容

选手妆容不得太夸张，不要过度地改变自己的五官；发型不得过于复杂。

（3）服饰

服饰反映了一个人文化素质之高低，审美情趣之雅俗。就其广义而言，指的是衣服及其装饰，具体的要求为既要自然得体，协调大方，又要遵守体育舞蹈约定俗成的规范或原则。服装不但要与自己的具体条件相适应，还必须时刻注意赛场客观环境、场合对人的着装要求，即着装打扮要优先考虑比赛时间、地点和目的三大要素，并努力在穿着打扮的各方面与时间、地点、目的保持协调一致。

其实体育舞蹈的服装也并非很特别，它与大众服装也是相通的，只是它更突出人体的线条美和有利于展示舞蹈的风格。而佩戴装饰品要注意不能选择对其他选手产生危险的饰物。

3．“自我行为”礼仪

体育舞蹈“自我行为”礼仪是舞者自我言谈与举止在体育舞蹈活动中的综合运用。言谈的礼貌与用语，举止是否大方得体，都是一个人精神面貌的外观体现，是礼仪美的表现形式。

（1）言谈

言谈是一门艺术，也是个人礼仪的一个重要组成部分，虽然体育舞蹈比赛中几乎不涉及语言交流，但是平时训练与待人接物也是反映练习者对体育舞蹈礼仪理解程度的重要途径。

礼貌：礼仪的重要组成部分，首先表现为态度诚恳、亲切，其次声音大小适宜，语调平和沉稳。另外，与人谈话时应保持一定距离，不要对人口沫四溅。

用语：敬语是表示尊敬和礼貌的词语，我国提倡的礼貌用语是十个字：“您好”“请”“谢谢”“对不起”“再见”。这十个字是说话文明的基本语言表现形式，因此也是学生在日常训练、正式比赛中对教练、舞伴的必用词汇。

（2）仪表举止

卫生：清洁卫生是仪容美的关键，是礼仪的基本要求。不管长相多好，服饰多华贵，若满脸污垢，浑身异味，那必然破坏一个人的美感。因此，每个人都应该养成良好的卫生习惯，做到勤剪指甲、勤洗澡、早晚饭勤刷牙等。在体育舞蹈整个比赛过程中，不要出现剔牙齿、掏鼻孔、挖耳屎、修指甲、搓泥垢等行为，否则不仅不雅观，也是不尊重观众、裁判和其他选手。

站姿：站立是人最基本的姿势，是一种静态的美。站立时，身体应与地面垂直，重心放在两个前脚掌上，挺胸、收腹、收颌、抬头、双肩放松，双臂自然下垂或在体前交叉，眼睛平视，面带笑容。

站立时不要歪脖、斜腰、屈腿等，在比赛等一些正式场合中不宜将手插在裤袋里或交叉在胸前，更不要下意识地做些小动作，那样不但显得拘谨，给人缺乏自信之感，而且也有失仪态的庄重。

坐姿：坐，是一种静态造型。端庄优美的坐姿，会给人以文雅、稳重、自然大方的美感。正确的坐姿：腰背挺直，肩放松。女性应两膝并拢；男性膝部可分开一些，但不要过大，一般不超过肩宽。在比赛候场的时候，入座时要轻柔和缓，起座要端庄稳重，不可猛起猛坐，弄得桌椅乱响，影响其他选手。

走姿：行走是人体运动的主要动作，走姿是一种动态的美。“行如风”就是用风行水上来形容轻快自然的步态。正确的走姿是：轻而稳，胸要挺，头要抬，肩放松，两眼平视，面带微笑，自然摆臂。

（三）体育舞蹈礼仪文化的内涵

在现代体育舞蹈近百年的发展过程中，体育舞蹈积累了深厚的文化内涵，在世界范围内广受爱好者的推崇，使其成为一项高雅的体育运动项目。同样，从体育舞蹈礼仪之中折射出来的文化内涵是使体育舞蹈在世界范围内得到广泛推广的因素之一。

1. 严谨的礼仪程式

体育舞蹈有着严格的礼仪程式要求，在整个运动过程中的每一个举手投足动作，都得循规蹈矩，这些程式不仅是舞蹈风格的要求，也是对观众的尊重。例如，男士都是手挽女士进场，引导舞伴做急速旋转后向观众致礼，女士则是向四周观众行古典式的屈膝大礼；舞蹈结束后，男、女舞者不仅向观众行礼，男士还手指女士，面带微笑，对女伴的完美表现给予赞许。这些规范的、气度不凡的行为举止，都给人以美的享受与回味。

2. 优雅的风度

礼仪性审美取向决定了风度的重要性，体育舞蹈礼仪以优雅的风度尽显选手的礼貌，对舞者的外观形象、风度气质都有较高的要求。例如，男女舞伴起舞后要绕舞池中心逆时针方向行进，不管跳多少花样总的舞程方向不能乱，切忌横冲直撞旁若无人，一旦发生冲撞要主动向对方表示歉意。此外，形成高雅风度的首要条件则是体态的挺拔感。挺拔的体态标志着健康、教养、礼貌、自尊，给人以愉快、振奋、富有青春活力的感觉。

3. 高尚的修养

礼仪体现着一个人对他人和社会的认知水平、尊重程度，是一个人的学识、修养和价值的外在表现。社交舞在欧洲是一种必要的修养，也是老少皆宜的健康娱乐项目。在宫廷舞演变为社交舞的初期，男士有一套邀请女士的礼节动作，女士也有一套接受邀请的动作，这种礼节是当时上流社会交往中邀请舞伴时必须具备的。舞伴间的相互包容、谦让是配合默契的前提，也是高尚修养的体现。随着时代的发展与进步，男女相互尊重，尤其对女士的尊重已成为现代社会文明的基本要求。

4. 愉悦的情感再现

礼仪是一个情感互动的过程。在礼仪的实施过程中，既有施礼者的控制行为，也有受礼者的反馈行为，即礼是施礼者与受礼者的尊重互换、情感互动的过程。体育舞蹈之所以具有生动的艺术感染力，正是因为选手“发于情而形于体”“以体传情、形神兼备”，男、女舞伴用心灵共舞，把细腻的情感注入全部的形体动作之中，塑造出形神兼备的美的形象，从而达到施礼者与受礼者的情感互动。

（四）加强体育舞蹈礼仪教育的有效对策

体育舞蹈在我国的发展取得了成功，其礼仪规范也为教练与选手所接受，但是这种接受是一种表象的适应，而体育舞蹈礼仪是选手默契配合、表现精湛舞蹈技艺、形成高雅风度气质的前提。因此，加强体育舞蹈礼仪的教育势在必行。本书认为以下几个方面是开展体育舞蹈礼仪教育的有效对策。

1. 强化体育舞蹈礼仪理念的引导

礼仪本身蕴含着美，礼仪是内在修养的外在表现，体现人的外在美和内在美的和谐统一。礼仪首先是一种个人修养，然后才是整个社会的行为规范，没有良好的思想品质就不可能有真正良好的礼仪。

教育引导机制是教育系统正常运作所离不开的机制。通过教育引导使学生形成正确的价值观、人生观、世界观以及建立对是非对错、善恶评价的标准是教育引导的主要目的。体育舞蹈礼仪引导机制主要就是引导学生养成良好的礼仪风貌，从而实现体育舞蹈礼仪教育的目的。在进行教育引导的过程中，要结合学生品德养成的规律，创设出一些比较有吸引力的教育方法来达到教育引导的目的。

在教学过程中，充分利用体育舞蹈教材提供的积极健康的情感去影响、感染、熏陶学生，使教师的感情、学生的感情和教材中表现的情感融合相通，产生共鸣。先进模范人物的形象、可使学生从内心产生惊叹敬佩之情，增强内驱力，鞭策自己不断学先进、赶先进。另外，在进行教育引导的过程中，在讲述先进人物、先进事迹时，不能就事论事，应注意提升其先进言行背后礼仪的内涵，进而实现他们对舞德的认识过程。

2. 加强师资力量自身的示范作用

人的本性决定了“人只能用人来建树”“只有人格才能影响到人格的发展和确定”“只有性格才能养成性格”。所以，体育舞蹈教师是影响学生礼仪形象的直接榜样，也是进行身教的基础素材。身教是指教师通过自己躬行礼仪而对学生进行礼仪教育的方法，“正人先正己”“己不正焉能正人”正是此理。体育舞蹈教师的言行举止、仪表服饰、神态气质甚至习性无不作为信息传导于学生的大脑，反馈于教学的过程，成为学生模仿的对象。

因此，体育舞蹈教师应从自身做起，首先做到，思想上重视：体育舞蹈教育应贯彻德育为先导、全面理解“健康第一”的教育理念，重视学生的心理健康，营造“积极、健康、平等、向上”的教学氛围。其次，言行一致：教学中使用普通话和文明用语，衣着合乎体育舞蹈运动特点，精神饱满，举止大方，处事得体，课上课下一个样，杜绝一切不健康言行。最后，要做到平等教学：教学中树立“以学生为本”，服务于教学，服务于学生，在教中学，在学中教的教学思想，正确理解每一个学生都是教育的对象，克服盲目自信，自立权威，理性认识自身的知识结构，教到老、学到老。

3. 深化选手训练比赛的礼仪体验

体育舞蹈是由交际舞发展而来，是男女舞伴合作完成的舞蹈，举手投足中反映一个人的内在气质和外在风度。因此，要通过组织教学观摩等活动，培养选手的表现意识、竞争意识、创新意识、与人合作精神、团队精神等。

为了完成训练教学任务，要求学生相互邀请，配合完成动作技能，目的在于提高他们的耐挫折能力，使他们养成豁达开朗的心态和不服输的心理素质以及为实现目标顽强拼搏、持之以恒的精神，树立起他们勇敢、自信的人生态度，为他们将来敢于接受时代的挑战，在竞争中懂得与人合作、为集体争优打好坚实的思想基础。

人的形体美是通过规范的训练而形成的，体育舞蹈教学中有目的地对大学生进行系统的形体礼仪训练。从头部姿态、上肢姿态、下肢姿态、身体姿态、站立姿态、坐立姿态、行走姿态等方面进行形体礼仪教育，矫正形体上不良的姿态，培养学生养成良好的身体动作姿态。课堂上要求学生一对一进行礼仪的手势语训练：自我介绍手势、相互握手礼仪、相互邀请手势及舞蹈中的礼仪等。经过系统的训练，学生基本上能改变初学时的拘谨、呆板，变得言谈举止文明有礼、仪表规范，在生活中敢于展现自己的才华。

4. 建立行之有效的教育评价体系

评价体系贯穿教学训练活动的始终，是教育价值取向最客观的体现，决定着训练过程中教师教育的重点。训练考核项目往往是学生最为关注的重点，而长期以来体育舞蹈训练受竞技体育的影响，技术的掌握程度以及身体素质好坏成为教学考核的全部。

尽管近年来体育舞蹈教育指导思想推陈出新，朝着培养全面的、健康的人的方向发展，随着人类对健康认识的不断深入，学校体育开始回归到健康教育理念上，但现行的教育评价对心理、道德、礼仪这些与健康观念中“社会的人”息息相关的元素涉猎甚微，教师在教学过程更是蜻蜓点水、一扫而过，而学生潜意识中从未把体育活动与自身礼仪联系起来，为此在比赛训练中表现出一些令人生厌的言行，最终导致“终身体育”和“健康第一”的教育理想失败于不合理的教育机制上。

而无论是“终身体育”还是“健康第一”，都是从重视参与主体的积极性和主动性、自觉性和持久性出发的，参与主体养成一种积极参与体育运动的态度和习惯，以达到健身强体、健康心理和提高社会适应能力的目的。教育评价作为教学中实现教育理想的动态监督系统，其作用在于及时将不合理的条件反馈到训练中，进一步指导训练良性地朝实现教育理想的方向发展。只有教师在教学训练的实践中对教育评价及教育理想最有发言权，教师的能动性对教育对象的反应有着最直接的体会，对教育理想在教育对象学习过程的体现掌握着第一手资料，为此，教师应该围绕教育理想要求在考核项目中知、情、意比重与教育评价中的比重的合理性的灵活把握，对非合理因素的反馈和能动的调整将极大地促进体育舞蹈教育理想的实现。

5. 完善公平公正的礼仪规则制度

规则制度是指具有普遍意义的、比较稳定的、有一定强制性的和正式的社会规范体系。规则制度调节社会行为的范围比较广泛，对所有的社会成员均有制约性。规则制度是保证社会正常运行的强有力的手段之一，在它的强有力控制下才能促使社会个体和社会群体能有效地遵从社会规范，从而达到维持社会秩序、实现社会有序运行的目的。虽说体育舞蹈礼仪在某种程度上是一种自发的行为规范，但是在训练比赛中很多礼仪都是竞赛规则的重要部分。完善的规则制度约束不仅是一种硬性的外部标准，更是一种不可或缺的内部保护。人一旦脱离了制度约束，人性中的一些弱点就会出现，甚至放纵。这也是为什么社会几乎每一个行业都针对人性的特点而建立健全相关的规章制度。体育舞蹈礼仪的实现靠的是选手的自律能力，但又不能完全脱离制度约束。自律和制度约束结合起来才能更有效地保证体育舞蹈礼仪教育目标的实现。在我国社会主义精神文明建设中通过制度约束已取得了显著的成效。如果我们在体育舞蹈礼仪教育过程中进一步完善相关的礼仪规则制度，借鉴我国精神文明建设中积累的经验，并把其合理地运用到体育舞蹈礼仪教育过程中，势必也会收到良好的效果。

六、体育舞蹈的特点与分类

（一）体育舞蹈的特点

体育舞蹈是由属于文艺范畴的舞蹈演变而来的体育项目，它兼有文艺和体育的共同特点，是介于文艺和体育之间的边缘项目，是以竞赛为目的，具有自娱性和表演观赏性的竞技舞蹈。它具有以下特点。

1. 音乐引导下的律动性

在有特定节奏风格的舞曲音乐引导下，舞者翩翩起舞，时而端庄典雅，时而顿挫磊落，时而婀娜柔媚，时而奔放激越……和着音乐节律的舞动来表现各舞种的风格、特点是体育舞蹈的基本特征。

2. 规范性

规范性首先表现为体育舞蹈是一个完整的舞蹈系统，如同中国古典舞和西方的芭蕾舞一样，它是经过数百年历史的锤炼，数代人的加工而成的。其次表现在技术上的规范性，它严格到多一分则嫌多、少一分则欠火候。

3. 表演、观赏性

体育舞蹈融音乐、舞蹈、服装、风度、体态美为一体，既有丰富的艺术内涵，又采用体育竞赛的形式；既有观赏的价值，又有参与的可能，被认为是一种“真正的艺术”。

4. 体育性

体育性一方面表现在竞技性上，即为了比赛取得成绩；另一方面表现在锻炼身体的价值上，有资料显示，它的运动强度高于网球和羽毛球，对人身体锻炼的效果是显著的，是锻炼体魄的一种极好形式。

（二）体育舞蹈的项目分类和内容特点

体育舞蹈按舞蹈的风格和技术结构，可分为摩登舞和拉丁舞两大类。按竞赛项目分为三大类：摩登舞、拉丁舞和团体舞。

1. 摩登舞

摩登舞（Modern Dancing）起源于欧洲，具有端庄、含蓄、稳重、典雅的风格和绅士风度，包括华尔兹、维也纳华尔兹、探戈舞、狐步舞和快步舞。

2. 拉丁舞

拉丁舞（Latin American Dancing）起源于非洲和拉丁美洲，具有热情、奔放、浪漫的风格特点，包括桑巴舞、伦巴舞、恰恰舞、斗牛舞和牛仔舞。

3. 团体舞

团体舞（Formation Dancing）是摩登舞或拉丁舞的混合舞，由 8 对选手组成，借助音乐的引导，将 5 种舞蹈在变化莫测的队形变化中编织出丰富多样的图案。它将音乐、舞姿、队形、图案和选手们的和谐配合融为一体，达到了完美的统一，使体育舞蹈的风格特点得到了更为鲜明的表现。

（三）体育舞蹈各舞种的特点

1. 摩登舞

摩登舞（Modern Dancing）又称“标准舞”，是体育舞蹈项群之一；内容包括华尔兹、维也纳华尔兹、探戈、狐步和快步舞。其特点是由贴身握抱的姿势开始，沿着舞程线逆时针方向绕场行进。步法规范严谨，上体和胯部保持相对稳定挺拔，完成各种前进、后退、横向、旋转、造型等舞步动作，具有端庄典雅的绅士风度。曲调大多抒情优美，旋律感强。服饰雍容华贵，一般男士着燕尾服，女士着过膝蓬松长裙。

(1) 华尔兹舞

华尔兹舞（Waltz）用 W 表示，也称“慢三步”，是摩登舞项目之一。舞曲旋律优美抒情，节奏为 3/4 的中慢拍，每分钟 28～30 小节；每小节三拍为一组舞步，每拍一步，第一拍为重拍，三步起伏循环。通过膝、踝、足底和掌趾的动作，结合身体的升降、倾斜、摆荡，带动舞步移动，使舞步起伏连绵，舞姿华丽典雅。它是维也纳华尔兹（快三步）的变化舞种。19 世纪中叶，维也纳华尔兹传到美国，当时美国崇尚舒缓、优美的舞蹈和音乐，于是将快节奏的维也纳华尔兹逐渐改变成悠扬而缓慢、有抒发性旋律的慢华尔兹舞曲，舞蹈也改变成连贯滑动的慢速步型，即如今的华尔兹舞。

（2）维也纳华尔兹舞

维也纳华尔兹舞（Viennese Waltz）用V表示，也称“快三步”，是摩登舞项目之一。舞曲旋律流畅华丽，节奏轻松明快，为3/4拍节奏，每分钟56～60小节，每小节为三拍，第一拍为重拍，第四拍为次重拍。基本步伐是六拍走六步，两小节为一循环，第一小节为一次起伏。基本动作是左右快速旋转步，完成反身、倾斜、摆荡、升降等技巧。舞步平稳轻快，翩跹回旋，热烈奔放，舞姿高雅庄重。它源于奥地利的一种民间舞蹈，由男女成对扶腰搭肩共同围成一个圆圈而舞，故被称为“圆舞”。著名的音乐家约翰·施特劳斯为华尔兹谱写了许多著名的圆舞曲。

（3）探戈舞

探戈舞（Tango）用T表示，摩登舞项目之一。为2/4拍节奏，每分钟30～34小节，每小节两拍，第一拍为重拍。舞步有快步和慢步，快步（Quick）占半拍，用Q表示；慢步（Slow）占一拍，用S表示。基本节奏是慢、慢、快、快、慢（S、S、Q、Q、S）。舞曲节奏带有停顿并强调切分音；舞步顿挫有力，潇洒豪放；表情严肃，有左顾右盼的头部闪动动作。它源于阿根廷民间舞蹈，20世纪传入欧洲上层社会，后流行于世界各国。

（4）狐步舞

狐步舞（Slow Foxtrot）也称“福克斯”，用F表示，是摩登舞项目之一。舞曲抒情流畅，节奏为4/4拍，每分钟28～30小节，每小节为四拍，第一拍为重拍，第三拍为次重拍。基本步伐是四拍走三步，每四拍为一循环。分快、慢步，第一步为慢步（S），占两拍；第二、三步为快步（Q），各占一拍。基本节奏为慢、快、快（S、Q、Q）。以足踝、足底、掌趾的动作完成升降起伏，注重反身、肩引导和倾斜技术。舞步流畅平滑，步幅宽大，舞态优雅从容飘逸，似行云流水。它起源于欧美，后流行于全球。据传狐步舞系模仿狐狸（马）走路的习性创作而成。

（5）快步舞

快步舞（Quick Step）用Q表示，是摩登舞项目之一。舞曲明亮欢快，舞步轻快灵活，跳跃感强，是一种轻快欢乐的舞蹈。节奏为4/4

拍，每分钟50～52小节。每小节四拍，第一拍为重拍，第三拍为次重拍。舞步分快步和慢步。快步用Q表示，时值为一拍；慢步用S表示，时值为两拍。基本节奏是慢、慢、快、快、慢（S、S、Q、Q、S）。舞步组合有跳步、荡腿、滑步等动作。它起源于美国，20世纪流行于欧美和全球。

2. 拉丁舞

拉丁舞（Latin American Dancing）是体育舞蹈项群之一，内容包括伦巴、恰恰恰、桑巴、牛仔和斗牛舞，其特点是舞伴可贴身，可分离，各自在固定范围内辐射式地变换方向角度，展现舞姿。步法灵活多变，各舞种通过对胯部及身体摆动不同的技术要求，完成各种舞步，表现各种风格。舞姿妩媚潇洒，婀娜多姿。风格生动活泼，热情奔放。曲调缠绵浪漫，活泼热烈，节奏感强。着装浪漫洒脱，男士着上短下长的紧身或宽松装，女士着紧身短裙，显露女性曲线美。

（1）伦巴舞

伦巴舞（Rumba）用R表示，是拉丁舞项目之一。节奏为4/4拍，每分钟27～29小节，每小节四拍。乐曲旋律的特点是强拍落在每小节的第四拍。舞步从第四拍起跳，由一个慢步和两个快步组成。四拍走三步，慢步占两拍（第四拍和下一小节的第一拍）。快步各占一拍（第二拍和第三拍）。胯部摆动三次。胯部动作是由控制重心的一脚向另一脚移动而形成向两侧做“∞”形摆动。它具有舒展优美，婀娜多姿，柔媚抒情的风格。其产生与西班牙和非洲的舞蹈有密切关系，后在古巴得到发展。

（2）恰恰舞

恰恰舞（Cha－Cha－Cha）用C表示，是拉丁舞项目之一。节奏为4/4拍，每分钟30～32小节。每小节四拍，强拍落在第一拍。四拍走五步，包括两个慢步和三个快步。第一步踏在第二拍，时间值占一拍；第二步占一拍；第三、四两步各占半拍；第五步占一拍，踏在舞曲的第一拍上。胯部每小节向两侧摆动六次。舞曲热情奔放，舞步花哨利落，步频较快，诙谐风趣。它源于非洲，后传入拉丁美洲，在古巴得到发展。

（3）桑巴舞

桑巴舞（Samba）用S表示，是拉丁舞项目之一。舞曲欢快热烈。节奏为2/4拍或4/4拍，每分钟52～54小节。强拍落在每小节的第二拍或第四拍。每小节完成一个基本舞步。舞步在全脚掌踏地和半脚掌垫步之间交替完成，通过膝盖上下屈伸弹动，使全身前后摇摆，并沿着舞程线绕场行进，属“游走型”舞蹈。其特点是流动性大，律动感强，步法摇曳紧凑，风格热情奔放。它源于巴西，是巴西一年一度狂欢节的舞蹈。

（4）斗牛舞

斗牛舞（Paso Doble）用P表示，是拉丁舞项目之一。音乐为旋律高昂雄壮、鲜明有力的西班牙进行曲。节奏为2/4拍，每分钟60～62小节。一拍一步，八拍一循环，特点是舞步流动大，沿着舞程线绕场行进，游走型舞蹈。舞姿挺拔，无胯部动作及过分膝盖屈伸。用踝关节和脚掌平踏地面完成舞步。动静鲜明，力度感强，发力迅速，收步敏捷顿挫。它源于法国，盛行于西班牙，系据西班牙斗牛场面创作而成。男士象征斗牛士，气宇轩昂，刚劲威猛，女士象征红色斗篷，英姿飒爽，柔美多变。

（5）牛仔舞

牛仔舞（Jive）用J表示，是拉丁舞项目之一。舞曲旋律欢快，强烈跳跃，节奏为4/4拍，每分钟42～44小节，六拍跳八步。由基本舞步踏步、并合步，结合跳跃、旋转等动作组合而成。要求脚掌踏地，腰和胯部做钟摆式摆动，其特点是舞步敏捷、跳跃，舞姿轻松、热情、欢快。它源于美国，原是美国西部牛仔跳的踢踏舞。20世纪50年代爵士乐的流行加速和完善了这种舞蹈，但风格上还保持美国西部牛仔刚健、浪漫、豪爽的气派。

（四）体育舞蹈音乐的特点

体育舞蹈运动离不开音乐，音乐离不开节奏、节拍与速度。在音乐中，节奏是音乐的骨架，节拍是音乐的类型，速度是音乐的快慢。节奏是组织起来的音的长短，具有典型意义的节奏叫节奏型。节奏型的特征是反复出现，能最大限度地表现出该音乐的音乐风格。节拍是在有重音（强音）和无重音（弱音）的相等的时间片段，按照一定的次序循环重复，用强弱关系组织音乐，每一个完整的节拍就构成一个音乐的小节。速度是音乐进行的快慢，基本上可以分为快速、中速和慢速。速度是人为确定的，是为了表达音乐情感、塑造音乐形象的需要而设定的，激动、兴奋、欢乐用快速，抒情的用中速，赞歌、回忆、挽歌都用慢速。

在体育舞蹈音乐中最重要的是速度和节奏，速度和节奏决定舞种的类型。例如，节奏型是3/4｜×××｜×××｜的音乐，以28～30小节/分钟速度演奏时是华尔兹音乐，以56～60小节/分钟速度演奏时是维也纳华尔兹音乐。所以，了解音乐速度和节奏的特点对理解体育舞蹈的音乐特点有一定的帮助。表 1-1 是体育舞蹈各舞种音乐特点的概括。

音乐是体育舞蹈的灵魂，由于舞种不同，其音乐节奏、旋律和风格特点也各异。摩登舞音乐节奏清晰；拉丁舞音乐节奏鲜明强烈，热情、奔放、浪漫。舞者要根据不同舞种的音乐特点与所做的舞蹈节奏相一致，并充分展现舞蹈的意境，表达音乐的情感，才能使体育舞蹈的艺术表现力更富有感染力。

表 1-1　各舞种舞蹈音乐特点

舞种名称	音乐节拍（拍）	速度（小节/分钟）	音乐特点
华尔兹	3/4	28～30	舒缓流畅，委婉陶醉，动听入耳，富于遐想
探戈	2/4	32～34	华丽雄壮，停顿附点，强调切分音
狐步舞	4/4	29～30	徐缓流畅，柔和飘逸
快步舞	4/4	50	节奏明快，逍遥自在
维也纳华尔兹	3/4	56～60	节奏清晰，旋律活泼
伦巴	4/4	25～27	缠绵抒情，柔美动听
恰恰舞	4/4	30	欢快热烈，浪漫风趣
桑巴	2/4	50	欢欣愉悦，活泼动听
斗牛舞	2/4	60～62	雄壮激昂，刚健有力，感人奋进
牛仔舞	4/4	42～44	热烈欢快，轻松自如

第二章　高校体育舞蹈课程内容资源的开发研究

第一节　高校体育舞蹈课程内容资源开发概述

一、体育舞蹈课程内容资源的概念

对体育舞蹈课程内容资源进行释义，首先需要从正确了解和区别体育舞蹈课程内容与体育舞蹈教学内容及体育舞蹈课程内容资源三者关系的基础上展开。

（一）体育舞蹈课程内容与体育舞蹈教学内容的区别与关系

目前，体育界对体育课程内容定义较少。李林认为体育课程内容指根据体育课程目标从各种间接和直接经验中挑选出来，经过加工处理后的体育学科特定的知识经验体系，包括体育学科的理论知识、情感态度、身体练习、价值观和当代社会生活的各种经验与学习者的学习经验。而体育教学内容比体育课程内容更具体，涉及教师在体育课程教学中教授的具体内容和学生学习的具体内容，以及二者互动的具体内容。由此可知，体育课程内容与体育教学内容隶属于不同的研究层面，体育课程内容往往以课程标准的形式规定下来，相对稳定、不能轻易改变。体育教学内容则是在教学过程中教师根据教学目标和教学情境对教材内容进行方法化处理形成的具体有效的教学设计。体育课程内容比较抽象，不能直接作为学生掌握的对象，体育教学内容则更微观，是动态变化的，教师和学生可直接操作更加生动、具体的内容。通过二者的区别可知，体育舞蹈课程内容也不同于体育舞蹈教学内容，不可混为一谈。体育舞蹈课程内容倾向于“教什么”，而体育舞蹈教学内容更加注重“怎么教”的问题。

（二）体育舞蹈课程内容与体育舞蹈课程内容资源的区别与关系

首先，体育舞蹈课程内容是体育舞蹈课程的主体部分，指根据体育舞蹈课程目标从一系列直接经验和间接经验中挑选出来的、经过加工处理的、为体育舞蹈课程所特定的知识经验体系。广义的体育舞蹈课程内容既包括体育舞蹈知识性成分，也涵盖方法、规范、观念、态度等技能性与情意性成分。狭义的体育舞蹈课程内容仅指体育舞蹈教师教授的、学生学习的体育舞蹈课程内容的本身。本书所研究的是其广义层次，以求从体育舞蹈课程内容内附的身体、心理、舞蹈技能、舞蹈文化等多方面对体育舞蹈课程内容资源的开发进行探讨。其次，体育舞蹈课程内容是体育课程内容资源的组成部分，其与体育课程内容资源的概念在内涵上是一致的。可将体育舞蹈课程内容资源定义为：构成体育舞蹈课程内容要素的来源，如与体育舞蹈有关的知识、技能、经验、活动方式与方法、各种相关身体练习、情感、态度、价值观等要素。最后，体育舞蹈课程内容源于体育舞蹈课程内容资源，没有课程内容资源就无所谓的课程内容，二者在本质上都是人类各种体育舞蹈的直接与间接经验，但是体育舞蹈课程内容资源又不同于体育舞蹈课程内容，体育舞蹈课程内容资源较之体育舞蹈课程内容要更加丰富，二者是素材与教材的关系。

二、体育舞蹈课程内容资源开发的概念与内涵

关于“开发”，古文中有：开拆、启封、开掘、施展并发挥等详解，现代有：以荒地、矿山、深林、水力等自然资源为对象进行劳动，以达到利用的目的、开拓等多种解释。体育舞蹈课程内容资源开发中的“开发”应将“以荒地、矿山、深林、水力等自然资源为对象进行劳动，以达到利用的目的”这一释义进行引申。因此，可将体育舞蹈课程内容资源开发定义为：根据体育舞蹈课程的需要将体育舞蹈课程内容资源通过提炼转化为体育舞蹈课程内容的过程。它不仅包括从无到有的生成过程，还涵盖了对引进资源的适应性改造和借助外界事物的创造性思维。并且这一过程并不是随意即可完成的，它需要开发主体在一定开发原则的指导下，运用一定的方法和手段来完成。

第二节　高校体育舞蹈课程内容资源开发的影响因素与开发方法

一、高校体育舞蹈课程内容资源开发的影响因素

（一）教师资源的影响

高校体育舞蹈教师在高校体育舞蹈发展中占据重要的地位，高校体

育舞蹈教师的数量和水平直接关系到高校体育舞蹈教学质量和大学生体育舞蹈技术水平的提高。高校体育舞蹈教师的数量是开设高校体育舞蹈课程的基础条件，是进行课程资源开发利用的必要条件。高校体育舞蹈教师的科研能力与技术水平是影响其开发利用的广度和深度的重要因素。由此可见，教师资源对体育舞蹈课程资源开发利用的影响甚大。高校体育舞蹈课要保证体育舞蹈教师的数量满足学生的学习需求；体育舞蹈专业训练队要求教师具备专业的训练理论知识和较高的技术水平；体育舞蹈培训班在教师的教学内容和教学技术上要求稍高；社团协会应在专业教师的指导下进行体育舞蹈的相关学习。教师的工作是具有主动性和创造性的，随着体育舞蹈的发展，各种教学理论和教学实践也在不断地向前发展。教师理论研究较少，专业技术水平不高，开发利用意识淡薄将不利于高校体育舞蹈长期发展。当前，我国高校体育舞蹈教师资源丰富，但是专业教师紧缺，教师水平整体不高，应该加大高校体育舞蹈师资队伍的建设。

（二）场地设施的影响

毋庸置疑，场地设施资源是发展体育运动的物质保障条件之一，是开展体育运动的重要影响因素，没有一定的场地设施，体育舞蹈课程资源就难以得到充分的开发利用。高校体育舞蹈课程教学要求具有木质或胶质的室内场地和设备。通过调查发现，许多高校体育舞蹈课中场地设备基本能够满足教学需求，训练场地也主要是利用体育课的空闲时间进行训练，培训班也是充分协调各时间段利用公共场地或是体育舞蹈课场地，三者场地利用基本上是一致的。社团协会一般情况下是利用学生活动室、教学楼大厅或空旷的水泥地面组织相关活动。体育舞蹈对场地设施的要求相对较高，这和其本身技术特征有关，场地设施标准的高低对教学效果、技术水平意义重大。

（三）经费问题的影响

经济基础决定上层建筑。体育舞蹈资源的开发利用当然离不开经费的支持，引进师资力量离不开经费的投入，场地设施需要经费的投入等，都要建立在一定的物质基础上，获得稳定的经济收入和来源，才能保证其充分利用和开发，才能稳步推进体育舞蹈的发展。从对目前高校体育舞蹈经费来源的调查分析来看，体育课中主要是充分合理利用学校给予的支持，及时对场地设备进行维护和更新，基本能够保证教学的正常进行。训练队对经费的要求较高，训练经费主要是学校拨付的体育经费，经费投入的多少直接影响整个队伍的发展壮大。培训班主要是依靠学生缴纳的学费而得以开展的，一方面教师获得一定的有偿收入，学生能够学到自己需求的技术；另一方面也使体育舞蹈得到更大范围的推广和普及。社团协会经费来源主要依靠会费的缴纳，经费直接影响其活动的开展。

（四）学校课程设置的影响

学校课程设置影响着体育舞蹈的发展，高校目前开设的体育项目繁多且冗杂，部分科目得不到开设。受传统体育项目的影响，新兴项目短时间内难以安排到课程设置计划中，更不用谈开发和利用了，所以适度更换一些传统项目，引进新兴元素，对激活体育课程具有一定的作用。笔者通过调查发现，有些学校已经具有开展体育舞蹈课程的教师资源和场地设备，主要是受到课程设置上的制约，以致体育舞蹈课程不能得以实施和开展。学校课程设置对体育课的影响较大，这关系到体育总体课程安排和大纲要求，关系到该课程是否能够开展，关系到该课程资源是否能够得到更广泛的开发利用；对训练队的影响不大，训练队能否形成主要是依靠体育舞蹈师资、队员的参与、场地设施这三大方面；对培训班和社团协会的影响更加微弱。总体来说，学校课程设置对体育舞蹈体育课程的开展影响较大，也深刻影响到其他课程的推广、普及和宣传。

（五）领导重视程度的影响

领导的重视程度对高校体育舞蹈发展起着关键性的作用。一方面领导重视体育舞蹈课程内容资源的开发和利用，将会在经济上和政策上给予较多的帮助和支持，推动其快速发展；另一方面也会加大开发和利用的宣传，在思想上和行动上全方位地动员教师和学生，增强各方人力资源的主动性与积极性，将有利于体育舞蹈开展、开发和利用工作。

（六）学生资源的影响

除了教师是最关键的人力资源开发和利用对象之外，学生是另外一个影响资源开发利用的重要的人力资源因素。学生数量的多少和身体素质好坏直接影响开发利用的程度。体育课要保证一定量的选课人数才能进行这门课程的教学和开展；训练队除了要保证一定的数量之外，还要精心挑选那些基础素质较好、协调能力较强的学生参与训练，这对整个队伍的水平和长远发展具有极为重要的作用；培训班主要是以盈利为目的的机构，学生数量建立在学生的爱好和兴趣之上，只有保证一定的学生数量，才能发展下去；社团协会主要是集结相同的兴趣爱好者，以交流学习为主要目的，在数量等其他方面没有要求。当前，我国高校的学生资源是极为丰富的，应当充分开发利用使其成为体育舞蹈学生资源。

二、高校体育舞蹈课程内容资源开发方法

高校体育舞蹈课程内容资源开发是开发主体在一定原则的指导下，运用一定的方法和手段来完成的，它不仅涵盖从无到有的生成过程，还包括了对引进资源的适应性改造和借助外界事物的创造性思维活动。这也使得体育舞蹈教师、专家和学生在开发过程中所能使用的方法不是绝对的、唯一的。文献资料调查结果显示，体育教师在体育课程内容资源开发中常使用引进、改造、创编、整合、筛选、拓展、总结等方法。在对我国高校体育舞蹈教师开发体育舞蹈课程内容资源所采用的主要方法调查表明，体育舞蹈教师最主要采用的开发方法有改造法、拓展法、筛选法、整合法。

（一）改造法

高校体育舞蹈课程内容资源开发中的改造法是指根据体育舞蹈课程具体实施对象与实施条件等的不同而对原有体育舞蹈课程内容资源的某个构成要素进行的适应性修改、加工的方法，它是教师在课程内容资源开发中常用的方法之一。究其原因，主要是在高校体育舞蹈课程内容资源引进的过程中，有些资源可以直接运用于高校体育舞蹈课程，而有些资源在教学框架下，其规则要求是当前我国高校现实条件无法达到的，所以，必须从运动形式、运动组织等方面进行相应的适应性改造才能加以利用，使之转化为高校体育舞蹈课程内容。换言之，改造的过程不是随意而为之，它有规则的要求，可能是为适应学生的生理、心理而进行的改造，可能是为了适应体育院校体育舞蹈场地、器材设施的改造，可能是适应学生就业的改造，也可能是基于时代发展要求的改造等，还可能是为了同时满足以上多个条件限制的改造。一言以蔽之，改造的形式是多种多样的，并非一成不变。例如，在体育舞蹈动作技能形成的巩固与自动化阶段，学生往往已经准确熟练地掌握了技术，动作轻松自如、节奏感强，教师可采用临时模拟比赛、表演、测验等教学手段，通过刻意缩小场地、增加比赛选手、施加压力、短时间内切换音乐以及设立临时规则等方法，来增强学生在比赛场上灵活应对参赛选手间身体摩擦的能力、音乐表现力、反应能力、心理能力等，这就是为了培养学生适应比赛、表演需要而进行的改造。此外，经过改造后的高校体育舞蹈课程内容在形式上保留了原有的一些元素和特征，然而在性质上往往已发生了改变，即改造的过程是对原有体育舞蹈课程内容资源的创新和重构。

（二）拓展法

高校体育舞蹈课程内容资源开发中的拓展法是指在形式、功能、具体内容等方面对原有高校体育舞蹈课程内容资源进行拓展与补充，以使高校体育舞蹈课程内容在功能上更加全面，在具体内容与形式上更加完整的方法。例如，在体育舞蹈伦巴舞动作技术初步学习阶段，体育舞蹈教师可运用多媒体教学手段，通过播放拉丁美洲黑人在劳动时头顶大筐搬运香蕉等水果时的场景以及一段精选的伦巴舞视频作为情境导入，随之穿插介绍伦巴舞的历史起源、风格特点、音乐节奏等，让学生在知识结构和视觉、听觉上了解伦巴舞：必须脊椎直、双肩平；当脚要出步时，脚掌用力踩地，膝部稍弯曲，此时重心在另一条膝部伸直的腿上；当重心移到出步脚时，脚后跟落下，胯部也随之向侧后方摆动，直至膝部伸直，另一条腿放松稍屈；四拍三步中每步都是半拍脚步到位，而臀部则看似轻快柔和，实则内存一股韧劲连绵不断地摆动。此外，可以在课中拓展加入国内外优秀伦巴舞选手励志故事的分享以激发学生学习兴趣后快速进入身体练习之中，达到更好的教学效果。在课后作为课堂作业也可要求学生通过现代信息和网络技术收集与伦巴舞有关的比赛规则、竞赛方法、舞蹈鉴赏，以及伦巴舞音乐、比赛或演出视频、舞蹈人物故事等，不仅使学生对课程内容有所巩固，再次激发学生深入学习的兴趣，也能使学生充分利用课余时间深入探索有关后继学习的内容，达到课前预习的作用。由此可知，体育舞蹈课程内容资源的拓展主要是围绕某一具体的课程内容资源，从资源的内容、形式和功能等多方面展开，并常常通过具体的活动表现出来。此外，体育舞蹈课程拓展后的内容往往更加丰富，然而，有些知识资源、身体练习资源拓展后可能并不易于实际操作，因此需要与改造法、筛选法等方法相结合运用。

（三）筛选法

体育舞蹈课程内容资源开发中另一种常用方法是筛选法，即开发主体按照一定的标准从大量的体育舞蹈课程内容资源中选择出适合体育舞蹈课程的内容的方法。面对丰富的体育舞蹈课程内容资源，体育舞蹈教师在教学中常常会遇到“教不完”和“教不会”的情况。众所周知，仅竞技体育舞蹈就有团体舞、拉丁舞 5 个舞种和标准舞 5 个舞种，然而，无论专修，还是辅修体育舞蹈的学生在教学时间安排和场地器材等影响下都不可能将所有体育舞蹈内容学习穷尽，此时，教师“教不完”的情况便凸现出来，而体育舞蹈教师若努力想要教完，又势必会面临学生“教不会”的尴尬境地。因此，在教学中如何选择课程内容，“选哪些教，选什么方法教”便成为体育舞蹈课程内容资源开发中教师应当重点考虑的问题，这也就涉及如何筛选的问题。筛选通常需要有一定的标准，也就是需要考虑的因素，如社会的发展需求、国家的教育政策、学校的体育指导思想、体育舞蹈教材、学生的基础条件、具体课程安排等。体育舞蹈教师和专家在运用筛选法开发课程内容资源时都不可避免地要考虑这样或那样的因素。值得注意的是，筛选法的运用相对简单，便捷、易于操作，但是由于开发出来的课程内容原本就已受各种标准的束缚，使得其在实践操作中灵活性和适应性较差。

（四）整合法

体育舞蹈课程内容资源开发的整合法是指将各种体育舞蹈课程内容资源的某些要素进行组合、整理，使之有机结合成为新的体育舞蹈课程内容的方法。这里所说的整合范围广泛、方式多种多样，可以是同一类型体育舞蹈课程内容资源之间的整合，如身体练习资源与身体练习资源之间的整合、知识资源与知识资源的整合；可以是不同类型体育舞蹈课程内容资源之间的整合，如身体练习资源与其他资源之间的整合、知识资源与经验资源之间的整合；可以是体育舞蹈课程与其他体育课程之间的整合，如体育舞蹈与健美操、体育舞蹈与芭蕾；也可以是体育舞蹈与其他非体育课程之间的整合，如体育舞蹈与音乐、体育舞蹈与摄影等。在当前体育舞蹈纸质教材缺乏的情况下，体育舞蹈教师与学生通过利用手机、相机资源拍摄比赛、演出、课间教学等舞蹈视频并对其进行加工制成有利于激发学生兴趣、创造力、课后复习及弥补时空缺陷的多媒体教材正是整合法的强有力应用。整合的过程取决于对不同体育舞蹈课程内容资源要素的提炼，即尽可能多地把各个要素最“精华”之处结合起来。同样，这种整合不是杂乱无章、随心所欲的，它需要以一定的目的为支撑，如发挥体育舞蹈课程的多种教育功能、增加体育舞蹈课程的趣味性、提高体育舞蹈课程的适应性等。最后，在对各种要素进行整合之前也常常需要对其进行适应性和可操作性改造。

综上所述，高校体育舞蹈课程内容资源开发主要有改造、整合、筛选、拓展四种主要方法，同时，在高校体育舞蹈课程内容资源开发过程中这四种方法不是孤立展开的，而是需要多管齐下，或是改造与整合同时使用，或是筛选与拓展一同展开，或是筛选、拓展与整合交叉运用等。在实践中，需要正确处理这四种方法之间的联系，防止将其彻底割裂的做法。

第三节 高校体育舞蹈课程内容资源开发利用对策

一、对高校体育舞蹈人力资源的开发利用

（一）引进专项能力较强的教师和培养现有师资的技术水平

体育舞蹈是一项新兴的体育运动项目，更是专业性很强的项目，它拥有10个舞种，每个舞种风格各异。高校的体育舞蹈教师除了要对体育舞蹈技术动作了如指掌，具有准确优美的示范能力之外，还要有精辟的讲解能力和独特的教学技巧，才能吸引学生的注意力，激发学生学习体育舞蹈的主动性和积极性。目前许多高校体育舞蹈教师大多数是由其他专业转向而来教授体育舞蹈的，专业技术基础较为薄弱，参加培训的机会较少和意识不强，体育舞蹈技术和理论知识不能得到及时的更新。因此，一方面要引进专项能力较强的体育舞蹈教师，为高校的体育舞蹈师资队伍注入新的血液，激发活力与激情；另一方面，在高校体育舞蹈师资较为丰富的基础上，加大对他们技术上的培训和理论知识上的学习，不断深入开发和利用，以满足学生的需求和适应时代的发展。总之，体育舞蹈教师要与时俱进，树立新的教学理念，确立先进的教育思想，掌握现代化的教学技术手段，不断提高自己以适应现代教育对体育舞蹈教师的高要求。

（二）提高教师对体育舞蹈课程资源开发利用的意识

开发人力资源就是要充分挖掘人的潜能，发挥人的多种作用，体现人的多种价值。体育课程的设施需要有足够的人力资源支持，其中最重要的是体育教师。体育教师既是体育课的组织者，又是体育课的开发者，对学生起指导影响作用，对体育课的顺利进行起决策作用。但由于受当前我国高校的有些人事、职称评聘等制度的影响，当前高校体育舞蹈师资队伍较难以满足学生的需求。体育舞蹈教师对体育舞蹈课程资源开发意识比较淡薄。体育舞蹈教师是开发体育舞蹈资源最重要的人力资源，所以要动员起来，开动脑筋，不断加强开发利用意识，树立相关概念；注重对教材的理解，灵活地处理传授知识、技术和技能的关系；适度更换体育舞蹈教学内容，充分开动脑筋，进行自主创编和开发；不断丰富教学形式，充分利用现有资源采用现代化教学手段，最大限度调动学生的热情与积极性。这对体育舞蹈课程资源开发和利用具有重大的作用。

（三）可采用互聘制度，共享体育舞蹈教师资源

通过分析当前我国高校体育舞蹈教师情况可知：教师互聘，共享体育舞蹈教师资源这方面比较薄弱。受学校教育经费和制度的限制，学校完全可以根据本学校的需要，充分利用校外其他优秀的体育舞蹈教师，共享体育舞蹈教师资源。这样做一方面可以减少聘用的经费开支，减少财政上的压力；另一方面能够较好地享受丰富的优质资源，既满足学校需求，又能能满足广大学生学习体育舞蹈的需求，此举就是双赢。这对那些财政上暂时有困难和那些教师资源短时间较为欠缺的学校不失为一种好的方法。

（四）邀请专业人士来校进行讲学或是表演，激励视觉冲击

受到教育经费方面的限制，经常性地邀请专业人士来校进行讲学或是表演是不现实的，但是还是要尽可能地多组织讲学与表演活动。因为此举措一方面可以为本校体育舞蹈教师提供一个很好的学习机会，使他们亲身见识和体验专业人士的舞姿和学识，也可以与其进行交流和学习；另一方面学生也可以开阔眼界，见识高层次舞者的风范，激发热情，增强进一步深入探索和学习体育舞蹈的兴趣，一举两得。另外还可以与邻近学校协商，共同支付经费，这样比较能减少经济压力，也能使更多的人学习和见识到专家的才识和魅力。

（五）举行教学表演或比赛，激发学生的主观能动性

体育舞蹈课程必须结合学生身体、心理、年龄特点和兴趣爱好以及学校的具体条件进行科学合理的设置。选择体育舞蹈中的具体舞种项目除了依据学校体育教学大纲之外，教师要尽量符合学生的要求。人力资源开发中学生也是个非常重要的资源，现在提倡“人本主义”，推崇“以学生为主体”等思想观念，现代教学也要顺应时代的发展。这样才能真正体现体育舞蹈课程的实用性和社会价值，才更能充分调动学生的积极性。以学生为中心设置多样化的学习方式和教学方式能够充分体现地方特色和学校特色。经过调查发现，教学表演和参加比赛是广受学生喜爱的方式，教师可以利用这一点，一方面督促学生，施加压力，使他们能够自觉主动地投入到体育舞蹈的学习中，把学习当作一种自我展示、自我肯定的方式，这样的教学效果和学习效果会比较好；另一方面丰富了体育舞蹈课程的内容，更完善了校本课程体系。教学表演和参加比赛无形中以展演的方式将体育舞蹈呈现给大众，对于体育舞蹈的推广和宣传起到了良好的作用，对进一步开发更多的学生资源具有重大意义。

（六）大力拓展新生资源和巩固已有学生资源

依据现状调查，大学时期是发展体育舞蹈，开发体育舞蹈学生资源最佳的时期，这期间人力资源较为丰富，但是能否转化为体育舞蹈人力资源，这就需要体育舞蹈教师对学生资源的开发利用了。大一新生资源是潜在的资源，他们刚刚进入校园，处在一个新环境中，对一切事物充满好奇心理，体育教师应该对其进行引导，让他们加入到体育舞蹈的氛围中来。首先，应该大力宣传体育舞蹈，可以通过张贴海报、发放宣传单、进行义务表演等形式让学生了解体育舞蹈，激发他们的兴趣和喜爱。据了解，大部分体育舞蹈参与者只学习了一个学期就放弃了继续学习体育舞蹈，这是体育舞蹈人力资源的严重流失，是不利于体育舞蹈长期发展的。其次，教师应该提高教学质量，丰富教学内容。学生是否真正学到了体育舞蹈技术，课堂是否活跃积极，从侧面反映出教师的水平和能力，教师在整个过程中起着关键性的作用。最后，课后，教师要及时评价和总结，多与学生沟通和交流，不仅要关注学生技术的成长，对体育舞蹈的认识和情感的培养也是极其重要的，这对体育舞蹈长远发展的作用是不可估量的。

二、对体育舞蹈物力资源的开发利用

（一）从实际需求出发，大力开辟新场地

通过对体育舞蹈场地设施资源现状调查发现，许多学校场地和器材不能满足教师和学生的需求，因此，体育舞蹈教师应该从实际需求出发，在现有的物质基础上，大力开辟新的场地资源，以更多地满足体育舞蹈课程对场地的需求。目前，体育课的场地基本上能够满足体育舞蹈课程的需求；训练队的场地除了使用体育课的场地之外，还可以充分利用如活动室、会议室等室内场地；培训班一般要使用较为封闭的空间进行教学，可开发利用健美操、瑜伽的室内场地；社团协会相对来说对场地需求没有体育课、训练队和培训班那么严格，但是除了使用以上场地设施之外，还可以在光滑的瓷砖地板上进行练习，选择场地的范围比较广泛，如教学楼大厅、学生活动中心等，都是很好的选择。

（二）提高现有场馆的利用率

通过调查发现，当前大部分高校场馆基本上能够满足教师教学的需求，但是在课外时间，有些学生想自己练习，节目编排、参加比赛等需要场地并不完全能够满足需求。在不影响教学效果的情况下，可以本着一场多用，一场多能的原则，充分提高学校体育场馆的使用率。同一块场地可以有不同的用处，不同的运动项目也可以使用同一块场地。例如，在同一场地可以进行武术、健美操、体育舞蹈之类的教学。学校场地器材的布局应当既保证学生有地方活动，又要确保安全，同时加强场地器材的保养工作，合理使用有限的财力、物力；合理延长场馆的使用时间，划分教学时段，学生根据自己的时间和需要自由选择时间学习和运动，大大提高场馆的使用率。

（三）发挥邻近地域优势，实现场馆资源共享

充分发挥邻近地域优势，最大化地实现场馆资源共享，节约资源。建立学校和学校之间、校内和校外之间的体育舞蹈课程资源协调与共享机制。共享机制加强了学校与学校、学校与社会之间的交流，使它们之间互相学习、取长补短，从而提高了体育课程资源的利用率和社会效益，对推动体育课程改革起到了积极的作用。高校开发与利用体育舞蹈课程资源应从实际情况出发，以体育课程标准和教材作为体育舞蹈课程资源开发的依据，发挥地域优势，强化学校特色，展示教师风格，因地制宜地开发与利用体育舞蹈课程资源。同时，通过科学合理地开发体育舞蹈课程资源，完善高校体育课程设置，推动高校体育教学改革，加快高校体育教学的发展。

三、对高校体育舞蹈课程内容资源的开发利用

（一）丰富教学技术内容，使之多样化

按照学生认知规律和身心发展特征来组织和开发体育舞蹈教学资源，实施教学技术内容，才是符合科学规律的。教师要研究教材，整合教材，把教材与学生的体育健身实际结合起来，与学生身心发展规律结合起来，与学生体育舞蹈基本知识、技能的学练结合起来，与学生之间的差异性结合起来，通过丰富教学技术内容，使之多样化；不断改变教与学的行为，开发和利用更丰富的教学技术内容资源，把它当作自己不断挖掘技术内容的动力和实践研究。

（二）开发理论课程内容资源，使之系统化

理论课程内容作为重要的课程资源，更重要的是引导学生利用已有的知识和经验，去主动探索新知，提高实践能力、合作能力和创新精神。其利用和开发的重点是教师如何研究与处理教材。教学不是教材内容的移植和照搬，它特别需要教师的创造加工，将教材内容变成学生学习的教学内容，变成发展学生体育知识、技能和文化素养的教育内容，赋予教材以生命的活力。教学中对于教材的研究与处理，一是根据教材

构建优化的教学内容，加强内容之间的联系，以利于学生自主处理信息，形成自我体育与健康知识的储备与发展；二是将教学内容探究化，依据学生身心发展特点确立体育学习层次，通过教材内容的知识点构建教学中的问题序列，采用“问题＋解决方法”的问题解决模式，培养学生分析问题、解决问题等体育实践能力；三是教学经验化，根据教材内容，尽量发掘和利用贴近学生学习和体育锻炼实际经验的教学内容，使教材内容回归到学生实际的学习、体育活动环境中，注重学生对体育知识、技能的体验。

四、对高校课外或校外体育舞蹈资源的开发利用

（一）参阅图书馆的书籍资料等，提高理论上的认识

高校的图书馆是一个巨大的知识网，里面的书籍资料相对比较系统化和规范化，也是教育界公认的知识体系。这么好的资源，体育舞蹈教师应该充分利用和吸取知识的营养，畅享在知识的海洋中，不断提高理论上的认识和修养。

（二）注意及时更新音乐、影像资源，与时俱进

体育舞蹈是时尚潮流、更新变化较大的一个项目。音乐是舞蹈的灵魂，所以对于音乐的选择很重要。相关赛事的组织以及表演伴随着各种音乐的产生和舞蹈编排的体现和流露，也是最前沿的新兴的事物。所以无论是教师还是学生都应该注意及时更新音乐、影像资源，与时俱进。教师作为体育舞蹈知识、技术的主要传授者，在这方面的重任比较重。

（三）组织参与校内外体育舞蹈表演或竞赛，不断提高技术

体育舞蹈是一个比较新兴的体育运动项目，具有很强的表演性质，加强相关的表演和竞赛对于互相学习和提高技术能起到极其重要的作用。新的时期，体育舞蹈教师也应该把这种作用运用到高校合作里面去，各个高校之间应该经常通过举办一些邀请赛或表演庆典等性质的比赛与活动，这样不但能使参赛高校的学生队伍能互相学习、切磋舞艺，同时，也能加强联系、增进友谊，从而也为推动高校之间体育舞蹈技术的良好发展起到积极作用。

五、对体育舞蹈课程经费资源的开发和利用

（一）学校适当加大经费投入

从学校对体育舞蹈专项经费的支持程度来看，学校对体育各个项目的支持比例没有较大的差别，这说明总体来说高校对于体育舞蹈经费的

支持程度没有较大的倾斜，这是良好的现象。但是要想体育舞蹈能够更好、更快、更远地发展，就必须有经济的支持，这样该项目才能永葆青春与动力。

（二）积极拓宽经费收入渠道

针对目前体育舞蹈经费紧张的现状，体育舞蹈教师不能总是依靠学校提供的有限的经费支持，必须主动积极拓宽经费收入渠道，积极争取社会上的资金和赞助。现状表明这方面的比例占据太少，体育舞蹈教师一定要吸引社会机构的赞助，双方协商，实现互利共赢。同时，高校要自己创收。这方面体育舞蹈教师首先要勤练自己的技术，培养一支优秀的体育舞蹈表演队，才能够有更多的关注度和知名度，才可以多接商业演出，那些大型的表演和庆典等活动的费用是可观的，这对于体育舞蹈团队后续长期的发展是具有积极作用的。

六、对高校体育舞蹈信息资源的开发利用

（一）优化整合资源，构建体育舞蹈资源库，共建资源交流平台

课程资源的多质性使同样的课程资源可以为实现不同的课程目标服务，不同的教学也可以运用同一种课程资源。因此，在体育舞蹈课程资源研究的探索阶段，为了避免资源开发的重复性、盲目性和浪费，应拓宽校内外课程资源及其研究成果的交流、推广与分享渠道，构建体育舞蹈资源库，提供体育舞蹈资源交流平台。各学校可以通过相互交流、互相借鉴，做到信息资源共享，提高使用效率：不仅有形的课程资源，如体育场地器材设施和教学资料，可以共享；无形的资源，如教学经验、教学方法和手段等，更要和他人加强交流，如通过QQ群、微信群等建设交流平台，分享有关体育舞蹈的知识与技术。当下网络资源极为丰富，应该进行合理的开发利用。

（二）运用现代媒体，开发利用网络资源

Internet已广泛地应用于体育信息资源的开发上，其中常用的有中国体育舞蹈联合会官方网站（http://www.cdsf.org.cn/），北京市健美操体育舞蹈协会（http://www.badsa.com）等。网络的开发给体育舞蹈工作带来了革命性的变化，通过网站可以检索国内外的体育舞蹈组织、体育舞蹈新闻、体育舞蹈科研、最新赛事、最新视频以及动态等一系列体育舞蹈信息资源；通过远程登录可以查阅各地图书馆的体育信息资源，了解当前体育舞蹈的热门话题和前沿的动向，查阅有关体育舞蹈教材的出版及更新换代情况。

第三章　高校体育舞蹈教学与方法体系研究

第一节　高校体育舞蹈课程教学的原则与特点

一、高校体育舞蹈教学原则

（一）直观性原则

直观性原则是指教师在体育舞蹈教学中，利用学生的各种感官和已有的经验，通过各种形式的感知，使他们较快地领会和掌握理论知识、技术、技能，在体育舞蹈教学中常用的直观方式有以下几种。

1. 动作示范

动作示范是教学中最常用、最生动的一种直观方式，它能使学生视觉逼真地直接感知所要学习的动作表象。做示范动作时应注意以下几点：

第一，要根据教学任务、教学步骤和学生的实际情况有目的地进行示范。

第二，示范要正确。教师的示范要标准，熟练轻松、优美，起到良好的动员和鼓舞作用。

第三，教师示范要选择适当的位置和方向，使每个学生都能清楚地看到示范动作。

第五，不失时机地运用正误对比示范也能收到良好的教学效果。

2. 直观教具的演示

挂图、电影和电视录像等设备均可用来做直观性教学用具，它可以弥补因示范动作太快，不能充分显示动作结构与细节的不足。

3. 语言、信号、手势的运用

生动形象的语言和一定的口令、信号及手势在体育舞蹈教学中也是运用最普遍的形式。例如，在华尔兹的教学中要求学生体会动作的升降，形象地喻为“像大海波浪一样”；在探戈舞的教学中常用“quick”“slow”口令来引导学生练习。

（二）逐步提高原则

逐步提高原则是根据学生认识事物发展的规律，动作技能形成与人体生理机能活动能力变化的规律，合理安排教学内容，组织教学方法和运动负荷，使体育舞蹈教学工作由易到难、由简到繁、由已知到未知，逐步深化不断提高。贯彻逐步提高原则主要从以下几个方面入手。

1. 教学文件方面

教学文件主要是指体育舞蹈教学大纲、教学进度等，在制订这些文件时，要贯彻逐步提高原则，理论与技术课安排要适度。

2. 教学内容、教学步骤方面

在安排教学内容、教学步骤时，不能脱离学生的现有基础，要善于将理论与实践相结合，举一反三，使学生易于理解和接受，从具体现象分析到原因分析，使学生先知其然，再知其所以然。再由当前的情况分析到今后的发展趋势探讨，逐步提高认识的深度与广度。

3. 运动负荷方面

在体育舞蹈教学过程中，对运动负荷的安排应该是逐步提高的，有节奏地由小到大，再由大到小。从课的准备活动开始到课的基本部分应是随着练习次数的增多速度由慢到快，力量和幅度由小到大。然后，随着课的内容安排和要求的改变而逐渐降低。

（三）相互配合原则

体育舞蹈动作是男女双方在音乐的伴奏下共同完成的，因此，相互配合显得极为重要。可以这样说，没有配合就没有体育舞蹈。在贯彻相互配合原则时应注意以下几点。

1. 确立好领舞与伴舞的关系

整个跳舞过程没有固定程序和套路，所以，必须依靠男伴的引导完成每个动作以及舞步的交替，男伴始终起主导作用。这就要求男伴对舞步的选择、动作方位的变化、舞姿风格的表现等都必须熟练掌握，而且能主动、迅速、果断而准确地运用。在此前提下，对女伴给予暗示和引导，使女伴能明确理解男伴的意图和动作要领，形成良好的感觉，从而起到领舞的作用。而女伴的任务就是在领悟并跟随男伴给予的信息，互相协调地完成每个舞步。要求女伴能有敏捷的跟随能力，准确接收男伴给予的舞技信号；迅速准确变换自己的舞步和舞姿，并顺其自然非常积极、轻松地配合男伴完成各个舞步，从而起伴舞的作用。

2. 固定舞伴有利于配合默契

固定舞伴的练习能增强舞伴间的相互了解，只有在对对方的习惯了如指掌的前提下，才能实现配合默契。国际上一些优秀选手相互间要配对练习 8～10 年才能达到舞艺的高峰。

(四) 全面发展原则

高校体育舞蹈运动教学应促进学生的全面发展。具体来说，就是通过体育舞蹈运动教学活动的开展促进学生的身体、心理、社会适应能力等的多方面发展。

具体来说，高校体育舞蹈课程教学实践中，遵循全面发展原则应做到以下几点：

(1) 综合贯彻体育舞蹈课程教学大纲、教学目标和教学要求。在体育舞蹈课程教学中，要使学生积极地学习国家所颁布的体育舞蹈课程教学大纲的精神，体育舞蹈课程教学大纲所提出的要求与目标，要求学生认真遵循。

(2) 注意不同教材的均衡搭配，使学生全面掌握各舞种、各舞蹈技术动作，促进学生身体素质的全面发展。

(3) 教学、考核项目和内容应考虑全面发展身体的因素。体育舞蹈课程教学内容、教学方法、教学手段、教学模式、教学组织形式等都应该围绕学生科学设计、选用，促进学生各方面素质的综合发展，使学生真正提高体育舞蹈运动知识和技能，实现身心素质和能力的多元发展。

(五) 终身体育原则

体育舞蹈对学生身心发展可产生一生的影响。体育舞蹈是一项可以终身从事的体育运动项目，在高校体育舞蹈教学中，教师应重视培养学生终身从事体育舞蹈的意识和习惯。

此外，体育教学应重视终身体育习惯的养成，这也是新《大学生体育与健康课程标准》对当前体育教学的基本要求。

高校体育舞蹈课程教学实践中，遵循终身体育原则应做到以下两点：

(1) 培养学生的终身体育意识。在体育舞蹈教学中，教师要善于发现学生的体育舞蹈爱好与特长，并正确引导，培养学生从事体育舞蹈事业的兴趣并长期坚持。

(2) 重视综合考虑体育舞蹈教学的长、短期效益。体育教师不仅要重视体育舞蹈运动教材或某项运动技能的教学成果，还要考虑体育舞蹈运动教学的长期效益，为学生终身从事体育舞蹈运动事业奠定知识、体能和技能基础。

（六）因材施教原则

“教育要面向全体学生”，高校体育舞蹈课程教学的因材施教原则是由学生的个体差异所决定的。高校体育舞蹈课程教学过程中，体育教师教的对象是全体学生，教师应根据每一个学生的具体情况，实施各不相同的、有针对性的教育，使每一个学生都能在原有基础上获得发展。

高校体育舞蹈课程教学实践中，遵循因材施教原则应注意以下几点：

（1）因材施教应建立在统一要求的基础之上。教师对全体学生提出统一的教学要求，注意每个学生的身体素质与能力水平是有差异的，重视针对个别学生的教，使教学有区别、有针对性。

（2）了解学生。教师应对学生进行充分的观察和了解（如身体素质与个体差异），教学应符合学生特点，掌握不同学生的详细情况，区别对待。

（3）重视教学设计的针对性。在制定体育舞蹈课程教学目标时，应综合考虑教材、学生特点、组织教法以及客观教学条件，使教学更有针对性。

（4）满足不同学生的学习需求。高校体育舞蹈课程教学目标和要求应符合大多数学生的实际能力，同时，兼顾不同层次学生的学习需求，为身体素质较好的学生创造更好的条件，帮助素质差、基础薄弱的学生完成学习任务。

（5）合理安排不同学生的运动负荷。有针对性地提高学生的薄弱环节，扬长避短，促进其体育舞蹈运动技能快速提高，使不同学生均有所提高。

（6）创造因材施教的教学条件。体育舞蹈教学实践中，教师要采用多种教学组织形式，进行“等质分组”或为身体条件和运动技能有缺陷的学生开“小灶”。

（七）渐进性原则

渐进性原则是指教学要有序安排，对体育舞蹈课程教学中教学内容的安排要做到由简单到复杂、由低级到高级、由单一到组合，循序渐进地进行。

高校体育舞蹈课程教学实践中，遵循循序渐进原则应注意以下几点：

（1）合理选用教学内容。体育舞蹈运动教学过程应符合体育舞蹈运动发展规律，教学内容应由易到难、由简到繁；训练的时间和量应逐步提高。

(2) 科学安排教学阶段。在体育舞蹈实践课的教学中，要根据体育舞蹈不同舞种的运动规律与特点，从单一到组合，科学组织各阶段教学。

(3) 合理安排运动负荷。在高校体育舞蹈课程教学过程中组织学生练习应逐步增加运动负荷，运动负荷应与学生的生理和心理特点相符。具体应按照适应—加大—再适应—再加大的规律有节奏地增加运动负荷。

(八) 可接受性原则

可接受性指学生的能力和动作的难度完全适应，这并不意味着没有困难，而是这些困难只要学生适当发挥身体和精神的力量就可以克服。在体育舞蹈教学中，对动作、音乐的选择要切合学生实际，不要太易也不要太难，而要根据学生的实际情况提出要求。

(九) 艺术性和竞技性原则

体育舞蹈首先是一门艺术，它要求舞蹈者具有艺术家一样的对音乐的感受力和舞蹈表演才能。竞技性是指体育舞蹈对服饰、音乐、动作等都有严格的规定，要求运动员在规定的时间内创造出高水平的动作。因此，在教学中要着力加强对学生乐感和舞蹈基本功的培养，使学生把艺术和体育完美地结合起来，从而达到陶冶情操，锻炼身体的目的。

二、高校体育舞蹈课程教学特点

(一) 教学内容丰富

体育舞蹈教学内容丰富，包括标准舞、拉丁舞两大舞系10个舞种，每个舞种都有系统、规范、复杂的技术动作、技术方法，这些都需要学生学习并掌握。

体育舞蹈的两大舞系动作标准不同，动作难度存在着一定的差异，如标准舞的每个舞步都要从步序、步位、步法、方位、转度、升降、反身动作、倾斜、节奏等方面去规范；拉丁舞的每个舞步都要从步序、节奏、节拍、步位、步法、使用动作、身体转量等方面去规范。在体育舞蹈课程教学中，学生要接受的知识、技能内容丰富、信息量大、需要学生认真学习每一个舞种。

此外，随着体育舞蹈在世界范围内的流行与多元化文化吸收，体育舞蹈项目也越来越多地融合了世界各个民族各个舞种的特点，体育舞蹈技术的变化也在一定程度上进一步丰富和创新，丰富了高校体育舞蹈的教学内容。

（二）课堂教学密度大

体育舞蹈技术动作要素丰富，如节奏、线条、配合方式等，每一个动作要素的改变都可以将体育舞蹈的每个动作变为新的动作、新的动作组合。体育舞蹈教学不仅要教会学生规范的标准动作，还要通过动作要素改变提高学生的身体能力和技艺水平。而要完成这样一个教学过程，课堂密度是非常大的。

（三）健身效果显著

体育舞蹈的各种技术动作是体育舞蹈教学的重要内容，要求学生通过各种舒展、优美、协调的动作以及正确的身体肌肉用力方式和各个关节的正确做功，逐一完成体育舞蹈的各技术动作。

体育舞蹈教学具有较为显著的健身功效。长期练习体育舞蹈，能够有效刺激内脏器官，使机体各系统机能有效增强，在完成多样化的体育舞蹈动作时，还能够有效促进人体多项身体素质的发展。

在体育舞蹈的教学过程中，教师和学生都必须重视每一个舞蹈技术动作中身体的姿态、关节的屈伸、足着地点、用力方式等，并通过反复练习达到自动化程度，提高体育舞蹈运动技能。这一过程不仅是技能学习过程，也是身体素质的发展过程，更是良好的健身过程。

（四）重视身体姿态的塑造

健康的形体对于体育舞蹈的练习者来说意义重人，拥有健康的形体能使体育舞蹈练习者保持一定的技术实力和运动自信。

体育舞蹈是一项舞蹈艺术，学生通过练习可以消除不良身体姿态，促进形体健美。体育舞蹈课程教学对学生健美身体姿态的塑造，不仅体现在形态美方面，还体现在重视学生身体姿态的美化和高雅气质的培养方面。

具体来说，在体育舞蹈各舞种中，学生身体线条本身就是教师评判其技术动作是否标准、优美的组成部分。每个舞种对身体线条都有不同的要求，因此，体育舞蹈技术教学与对身体线条的严格要求密切相关，要求学生将身体姿态和身体线条充分展示出来，以符合不同舞种的技术要求。因此，体育舞蹈教学重视学生良好身体姿态的塑造是一个重要的教学基础。

（五）强调艺术表现

体育舞蹈运动中有着审美和技术的双重标准，具体来说，就是指美的风貌和仪态。体育舞蹈教学对于艺术修养和审美能力也有进一步提高的要求，这对于良好气质的培养是有利的。

体育舞蹈是一项具有艺术感染力的运动项目，其所包含的风格迥异的各项舞蹈有助于促进个体艺术感受力和领悟力的提高。因此，在体育舞蹈教学中，不仅强调学生对技术动作要熟练掌握，同时，强调学生对体育舞蹈音乐、情绪、文化、美学欣赏、服饰搭配等的理解与应用，这些都是体育舞蹈的艺术表现内容，也是体育舞蹈课程教学的重点。

（六）音乐与节奏贯穿始终

音乐是体育舞蹈的灵魂，在体育舞蹈中，通过音乐节奏的快慢、强弱、轻重、缓急、流畅与顿挫来创造舞蹈意境。

音乐是体育舞蹈教学课堂的一个不可或缺的部分，在体育舞蹈的教学过程中，每个舞种音乐的基本节奏和类型都是教学的重点和难点，学习体育舞蹈技术的基础就在于正确掌握音乐节奏和类型。对音乐与节奏把握不准，将直接影响体育舞蹈技术的准确性和体育舞蹈艺术力的表现。因此，体育舞蹈教学非常重视对学生音乐表达能力的培养。

体育舞蹈教学中，音乐与节奏的教学内容主要表现在以下几个方面。

（1）基本的音乐节奏和类型。

（2）音乐节奏的时值、旋律、结构、情绪等。

（3）音乐节奏与具体动作的结合。

音乐与节奏不仅是体育舞蹈教学内容和技术的组成部分，还能够对课堂气氛、学生情绪起到重要的调节作用。在体育舞蹈教学过程中，教师对音乐的选择与应用要引起重视，合理选择适用于学生特点和课程内容的音乐，以增强教学效果。

（七）学、思、训有机结合

体育舞蹈技术复杂，每个舞系、每个舞种，甚至每个技术动作的具体要求都有所差别，这就要求教师在教学过程中将这些技术细节细致入微地传授给学生，使学生熟练掌握各技术动作。

体育舞蹈技术动作的复杂性要求学生在学习过程中，不能只是单纯地进行动作模仿，而要真正领会技术动作的特点、原理、规律，这就需要学生进行思考、认真学习。体育舞蹈教学过程中，通过教师引导，学生不仅要关注基本技术动作，对技术动作的正确训练方法的重视程度也要有所提高，另外，不仅要对动作技术是什么有所关注，更要对这样做的原因引起关注，对技术原理的解析和具体应用要在整个教学过程中有所体现。只有这样，才能使学生举一反三地去练习，并学会自己对动作技术进行分析。教师要对技术原理进行分析和归纳，从而使教学过程更具有启发性，更加趋于合理，进一步提高学生思考问题、解决问题的能力。体育舞蹈科学教学必须将学生的“学”和“思”有机结合起来。

要熟练掌握体育舞蹈动作技巧，在体育舞蹈的教学实践中，还要有一定比重的学生训练，只有通过训练才能够使学生把学到的理论知识经过实践变成现实的技术。体育舞蹈练习应该贯穿始终，在教师的指导和学生不断地自我修正中，通过科学的技术理论知识指导技术训练实践，使训练更高效，并进一步提高技术的完善程度，并最终进入动作自动化阶段。因此，体育舞蹈教学过程也是“思”与“训”有机结合的过程。

总之，体育舞蹈教学过程是一个学习、思考、训练、反馈、修正相结合的过程。而从学生的角度上来说，这一过程能使学习效率得到有效提高，对学生的自主学习能力的培养较为有利。

第二节　高校体育舞蹈课程教学的类型与实施

一、高校体育舞蹈课程教学的类型

（一）体育舞蹈理论课

1. 教学内容

体育舞蹈理论课教学内容是指与体育舞蹈运动相关的各种理论性知识，包括基本文化知识，舞蹈技术、舞蹈风格、音乐，体育舞蹈竞赛与裁判方法，以及体育舞蹈运动其他学科理论知识。

2. 教学设计与安排

（1）教师讲述体育舞蹈课程教学内容。

（2）教师详细讲授体育舞蹈课程教学内容，反复明确体育舞蹈课的重点和难点，强化学生理解。

（3）教师总结和归纳课的重点，布置作业，预告下次课内容。

（二）体育舞蹈实践课

1. 准备部分

体育舞蹈实践课准备活动是与体育舞蹈课程教学内容和任务相关的身体活动，活动应具有引导性、针对性和激励性。

教学课开始后，组织学生进行与体育舞蹈运动相关的走跑练习，基本体操、舞蹈技术动作练习。

2. 基本部分

体育舞蹈教师要根据教学进度安排体育舞蹈教学和练习内容，全面发展学生的身体素质，培养学生良好的心理品质和体育舞蹈意识。

课堂教学中，教师应合理采用多元化的教学方法，使学生巩固所学过的知识，同时体会和练习新内容。具体的教学步骤为：先学习新内容，然后巩固和改进已学过的内容，最后组织体育舞蹈教学比赛和提高身体素质的练习。

3. 结束部分

通过身体放松练习使学生逐步恢复到课前相对安静的状态。

根据基本部分教学内容的性质、练习强度与密度等组织学生进行集体活动，并对学生的练习进行客观评价，指出学生体育舞蹈学习过程中的优点与不足，帮助学生改进。

二、高校体育舞蹈课程教学准备

（一）钻研教材

在进行体育舞蹈教学之前，体育教师要认真研究体育舞蹈教学大纲（课程标准），根据体育舞蹈教学目标，领会体育舞蹈教学的基本要求、体育舞蹈教材的体系范围与深度。同时，注意研究体育舞蹈教材的重点与难点及其前后的联系，并进行总结。

（二）了解学生

在上课之前，教师要全面了解学生的知识基础、身体健康状况、认知能力、运动能力水平，以使高校体育舞蹈教学安排、设计真正切合学生的实际，并促进学生的全面发展。

（三）组织教法

体育教师根据体育舞蹈教学的教材性质、教学任务、教学要求、学生情况、场地器材等客观条件，设计合理的教学方法，并确定体育舞蹈教学教学活动的类型和结构。

（四）场地、器材准备

准备好场地、器材是体育舞蹈课程教学的物质保证，教师要认真地规划场地、布置器材。

三、高校体育舞蹈课程教学文件制定

（一）教学大纲

教学大纲是高校体育舞蹈课程教学中教师开展教学工作的指导性文

件，是体育舞蹈课程教学活动开展的重要依据。

一个完备的体育舞蹈课程教学大纲应包括以下内容：说明（阐明教学大纲制定的依据与原则、课程性质等）、教学目的要求、教学内容、课时分配、教材及参考书、教学设施、考核内容、考核方法、成绩评定相关内容等。

制定体育舞蹈课程教学大纲，应符合以下几项基本要求：

（1）符合体育舞蹈教学实际。

（2）符合体育舞蹈运动的特点，突出教学训练与培养目的。

（3）明确课程任务和教学时数，合理分配课程时数，确保各项教学任务的完成。

（4）重视体育舞蹈课程教学内容的系统性、先进性和科学性。

（5）体育舞蹈的教学考核应以基本理论、基本技术与技能为考核重点，重视考核方法的全面性、客观性。

（二）教学进度

教学进度的制定以教学大纲为指导，是根据教学大纲所规定的教学任务、教学内容和时数分配。把教材内容具体落实到每次课中的教学文件是高校体育舞蹈课程教学开展的指导性文件。高校体育舞蹈课程教学进度的科学制定有以下几点要求：

（1）合理安排体育舞蹈课程教学内容，突出教学重点。

（2）教材安排符合逻辑，体现体育舞蹈运动理论知识、体育舞蹈技能方法与规律、体育舞蹈的舞种风格与特点。

（3）教学课时合理搭配。合理分配体育舞蹈理论知识、技术学练、音乐、创编等内容的教学课时。

（4）坚持教学理论指导体育舞蹈课程教学实践的原则，并做到体育舞蹈课程教学理论与体育舞蹈课程实践紧密结合。

（三）教案

教案（教学计划）是教师结合教学进度对每一节课的教学内容、教学步骤、时间安排和详细步骤编写的教学文件，是具体的体育舞蹈每节课的教学指导文件。

体育舞蹈课程教学课堂教案的制定与编写应注意以下要求：

（1）根据高校体育舞蹈课程教学的目标、进度、性质等，确定本节体育舞蹈课堂教学的任务。

（2）根据体育舞蹈课堂教学任务，确定本节课的教学内容、教学方法、教学组织形式。

（3）根据体育舞蹈课堂教学内容、方法等考虑本节课的场地、器材、设备、学生人数、学生运动能力等要素，合理组织教学活动。

（4）教学过程中，注意因材施教，个别对待。

（5）注意本节课与下节课的合理衔接。

四、高校体育舞蹈课程教学课堂管理

具体来说，为保障课堂质量，在体育舞蹈课堂教学中，体育舞蹈教师应做好以下工作：

（1）明确教学目的。教学目的是课堂教学的出发点，也是教学活动的最终归宿。体育舞蹈课堂教学中，教师必须明确教学目的，并使学生对教学目的有一定的了解，以便教学活动有序展开。

（2）科学选择教学内容。教学内容是否科学关系到教学任务能否顺利完成。教学内容的选择应该体现科学性与思想性的统一。

（3）正确选择教学方法。科学的教学方法有助于教师更好地“教”和学生更高效地“学”。体育舞蹈教学方法的选择应遵循学生认知和身心发展规律，有助于充分调动学生学习的积极性，有助于良好师生关系的建立和良好教学效果的获得。

（4）严肃课堂纪律。在上课之前，明确课堂教学秩序，使师生都能遵循课堂教学规定，以便于保证教学的顺利进行。

（5）正确处理安全事故。体育舞蹈教学中可能发生一些意外伤害事故，上课之前教师要做好预防预案，对课堂教学组织与管理做出周密、严谨的准备。教学过程中，一旦有偶发事件发生，教师要保持冷静，并迅速反应、及时控制、果断处理，争取将伤害降到最低。

第三节　高校体育舞蹈个性化教学及教学方法创新

一、个性化教学理念基础与原则

（一）个性化教学理论基础

1. 多元智能理论

智能的具体定义长期以来都被众多心理学家从多个维度进行研究和总结，最初，智能被定义为单因素的以具有语言和逻辑为核心能力的综合能力。比如，皮亚杰所提出的认知发展理论，从单因素解释智能的结构和性质。后来，随着科学技术的发展和研究的深入，心理学家进一步

提出了“多因素”解释。到20世纪80年代，美国心理学家提出“三元智力”即由分析、创造、应用能力组成，并且每个人在这三种独立能力中都发展不一，所以最后形成的个体智力差异也主要表现在这三种不同的能力组合之上。1989年，美国心理学家加德纳首次打破传统中对智力的定义，提出“个体用以解决或生产出一种或多种文化或环境所珍视的问题的产品和能力”。他认为，智力不是单一的能力，而是多方面的，他阐述了一个更加全面开阔的智力性质。根据他的观点，智力具有普遍性、不断发展性、差异性以及组合性。在每个学生身上都具有九种智能，即语言、逻辑、视觉、音乐、运动、交往、自我内省、自然观察、存在。不同的智能组合会表现出学生不同的智能差异。这九种智能的核心是以是否具备解决生活中的问题和创造社会价值为核心及评判智力水平高低的。它们都分别代表了人们身上不同的潜力，并且这些潜力需要相适合的情境才能被唤醒、挖掘及发展。

多元智能理论既为现代社会教育提供了理论导航，又为体育舞蹈个性化教学指引出了新的方向。这对教师而言是对学生进行全面发展教育，对学生而言是“身心和灵魂的共同学习”。它同时督促着教师和学生超越自我，挖掘自我潜力，使教师在不断创新和拓展多种教学策略和方法之下，学生在多元化的课堂之内根据自己内心的学习动力来选择，从而让不同智力水平的潜能都能得到最大限度的挖掘和发展，并影响着体育舞蹈的后续学习。

2. 人本主义理论

罗杰斯心理学又叫作自我心理学，由此看出罗杰斯十分重视和强调个体的自我在生活及心理中的地位和作用。他提出的自我理论是人本主义理论的核心，指出，自我是人格的成形、逐渐发展和改变的根基。罗杰斯提出了自由学习的多种方法，如构建真实的问题情境、提供学习的资源、探究训练、同伴教学、分组学习、自我评价等。

3. 发现学习理论

杰卢姆·布鲁纳提出的发现学习理论注重学生的学习过程，学生在学习时充分发挥主体作用和主动性，而不是被动地接受知识。让学生能够独立自主地学习、分析、解决问题是教师教学的首要目的。发现学习理论的本质是突出学生的自主能动性，使学生主动去学习和发现知识的内在规律和联系。

4. 成就动机理论

奥苏伯尔提出成就动机由认知内驱力、自我提高的内驱力、附属内驱力三个部分组成。其中，认知内驱力是首要的内部动力，它是解决问题时的第一能力，具体指对知识的内化程度、对问题的透析程度、是否具备逻辑思维的表述能力。它是一种极其稳定和重要的内部动力。

认知内驱力相对其他两种动机而言非常重要，换句话说，每个人生下来就会学习，并且有内部的学习需求，能够自己学习，具备学习的独特和创新性。对教师而言，就是刺激学生的学习动机从而完全表现出来。

（二）个性化教学实施原则

1. 差异性原则

学生遗传及后天因素各不相同以及身心发展水平的不同造成了每个学生个性的差异。差异性原则要求教师看到每个学生身上的不同点，承认并尊重个体差异作为教学的前提。教师在进行教学活动时，要根据学生的身心特点、学习能力、学习基础等各个因素间的差异，采取相应的教学内容和方法及手段教学，具体问题具体分析，使每个层次的学生都能得到相应的提高和发展，学有所得。

2. 主体性原则

学生作为学习的“主人公”，既是解决问题的“主人公”，拓展丰富思维的“主人公”，更是被一切教学活动围绕开展的“主人公”。提高学生的主体意识，教师要充分挖掘、唤醒学生身上各个因素的全面发展，特别是自主性和独立性因素，教师的“教”通过学生的“学”起作用，一切的教学活动都归根于激发学生的内部动力和积极性，最大限度地发挥出学生的主体作用，使学生真正成为课堂的主人、学习的主人，并通过教学活动，实现认知的增长和情感的体验，在学生的能动性、自主性、创造性不断得到提升，个性也得到发展。

3. 创造性原则

通过发挥教师的创造力为学生营造出适合他们自主学习的引入式课堂氛围，把主动权交给学生，让他们尝试自己探索和寻求知识，从而根据自己的兴趣特长进行自我开发和创新，让教学真正意义上成为培育学生创造力和发展起飞的方式。在体育舞蹈传统学习中，大多数的学习只有“跟我跳”或者“这样跳”，而对动作的理解和意义很少讲解和设计，现代教学要求教师在教学中应当引导学生思考技术动作的来源，并自主提出问题，让学生发挥主动性进行自我创造、自我挖掘，从而真正理解知识的“来源”和“意义”，给课堂创造一个良好的学习、师生互动交流的氛围，使学生能够对动作、知识知根知底。这样的教学就要求教师多动脑筋设计教学情境，诱导学生去挖掘更多的知识，刺激学生对知识的渴望，让学生充分认识和了解体育舞蹈动作、知识发生的过程，发散思维，从而培养学生的创造性思维。

4. 发展个性原则

促进学生个性全面发展且充分健康发展的教学原则是发展个性原则。“个性化教学的实质是个性的自由发展。”个性不是天生的，而是在先天的基础上经过后天环境的影响而成。所以个性化教学就是要充分运用后天的教育、环境、社会来看到每个人身上的特性，以让学生得到全面发展的同时张扬其独特个性为目的。教师在课堂中要善于及时发现学生的优点、强项所在，引导学生进步，使其获得成功经验和感觉，并且正确面对失败和勇于再次尝试直至成功，让学生逐渐发现自我、挖掘自我、培养自我、完善自我。在教师的整个教学过程中，首要就是要促使学生的个性得到充分的张扬同时其他方面全面发展；其次，让学生的个性全面健康发展（健康发展是个性的深度、广度的结合，即让学生的个性得到充分的发展）。

5. 教学相长原则

所谓教学相长，就是“教”与“学”两个方面相互影响、相互促进，都能够得到提高。陶行知在《教学合一》中提道：“做先生的，应该一面教一面学，并不是贩买些知识来，就可以终身卖不尽的。”在师生共同生活中，教师必须力求长进。很多好学的学生往往在学问和修养上经常以教师为目标，与教师竞赛，这就需要教师不断地提高自己的知识水平、技能水平、修养造诣，才能在学问和修养上给予学生帮助和促进。为人师表需要勉励自己，知道自己有不足的地方就要及时补上，更好地完善自己，也便于根据学生个性去安排不同的教学方法和内容，才能显示自己如何把学生教得更好。

6. 系统性原则

任何教学模式都应该有一套系统化、结构化的方法和策略体系，教学模式是对该教学活动的系统各个方面进行综合考量、整体规划的结果，是对整个教学活动的完整反映。捷克教育家 J. A. 夸美纽斯则强调：“秩序是把一切事物交给一切人们的教学艺术的主导原则。”因此，在构建体育舞蹈教学模式的同时应注重总体的把握，按年级、阶段逐步有效地提高学生对专项技能的掌握。在教学活动的不同环节，不宜等量齐观，要突出重点，带动一般，以简驭繁，举一反三。对教学原则、教学内容、教学目标、教学方法、指导思想、组织形式、教学评估等教学活动的各个项目进行全面设计，使其中的各要素相互配合，形成一个优化组合的完整“教”与“学”的活动系统。

7. 有效性原则

有效性原则要求教师在体育舞蹈课程设计中，注重课堂效率，让学生在最短的时间内学到最多的知识。学习使学生获得发展，使学生的知识、技能、能力得到提高。体育舞蹈课程时间是有限的，标准舞和拉丁舞 10 个舞种，怎样使学生在有限的时间里学到最多，如若完全掌握，显然难度较大，教师可以根据培养目标和计划在内容设置上予以区分，因地制宜、因人而异地优化课程内容，使学生在技能以及知识能力上得到有效提高。

二、体育舞蹈的个性特征及其体现（图 3-1）

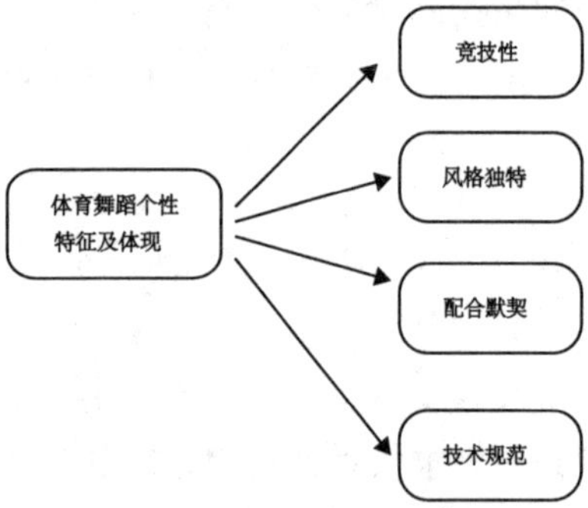

图 3-1　体育舞蹈个性特征图

（一）体育舞蹈的竞技性突出的特征及体现

体育舞蹈不仅是风格独特、舞蹈难度大的舞种，也是国际性的比赛项目，它与很多竞技体育项目一样，选手有时需要在规定的条件下完成动作，展示自己的才华，得到评委的认同和排名。因此，将体育舞蹈说成一种竞技项目一点也不为过。世界舞蹈和体育舞蹈总会（WDDSC）每年都会举办现代舞、国际标准舞等不同项目的比赛，在体育舞蹈部分，每年都有世界各地的选手齐聚一堂参加此等盛事。近些年，体育舞蹈随着竞技水平的提高，舞蹈的难度也不断增大，动作越来越新颖、独特，技巧也越来越精妙。在国内，中国体育舞蹈联合会每年也会举办各种大大小小的比赛，随着参与人群的不断增多、技术水平的不断提高，中国的体育舞蹈也在竞赛中进行了各种创新。

（二）体育舞蹈的独特特征及体现

体育舞蹈技术动作之所以难度很大，是因为它是很多种舞蹈种类的总和，既有现代舞的典雅含蓄和表现力，又要有民族舞、芭蕾舞的基本训练功底，还要有爵士舞、机械舞中的爆发力。但是体育舞蹈又有自己独特的一面，从审美的角度看，体育舞蹈要突出刚柔并济、动静结合，男士和女士必须做到相互承托，才能相得益彰，动作上要错落有致，静止并非绝对的静止，而是身体无限延伸，才会给人连绵不断，好似行云流水的感觉。

（三）体育舞蹈的配合默契的特征及体现

体育舞蹈需要男女两个人搭配舞蹈才能完成技术动作，因此要求双方形成舞伴，相互配合默契，不仅要做到动作的协调一致，往更高的要求上看，还需要双方在形象气质、舞蹈风格、表现力上充分搭配。在摩登舞当中，基本以男士引带为主，女士就必须懂得跟随，舞伴之间不仅要相互熟悉对方的力量程度、发力方式、习惯动作，还要相互之间有信息传递，能够做出灵敏的反应。因此男女舞伴需要在长时间配合和磨合过程中找到共同点，达到生理和心理的一致，这样才会有高度密切的合作。

（四）体育舞蹈的技术规范的特征及体现

体育舞蹈是在早期由民间舞和宫廷舞转化而来的，由英国皇家舞蹈教室进行编排、综合改进形成的一套具有自身完整系统的规范性舞蹈。在比赛中，规范性主要体现在：①不论是拉丁舞、摩登舞还是团体舞，技术结构都需要严格、完整；②每种舞蹈的手势、站位、步伐、造型都必须按照严格的技术规格去完成；③比赛中，场地的设置、灯光的配合、选手服饰妆容也都有严格的规定。因此可以说，体育舞蹈是具有较严格规范的舞蹈项群。

三、高校体育舞蹈个性化教学的理论分析

（一）尊重学生的个体差异，发挥学生的主体作用

学生的独特性和个体差异千差万别，从体育舞蹈学习的角度来看，学生的智能、动能、学习风格、学习能力、学习兴趣、身体素质以及原有的基础等有着很大差异，所以教师在教学过程中，应时刻注意观察学生的学习现状，给不同学生提供不同的教育，改变以往大一统的教学方法，关注每一位学生的独特性，在此基础上建立个性化的教学模式。

在实施个性化教学之前，必须先对学生的差异及其个性特征、现状

进行摸底分析，以确保正确掌握每位学生的学习水平，准确划分相对应的水平层次。对学生进行全面的了解和评价，结合一些平时的小测验等，客观地测出学生当前具有的体育舞蹈技术水平，将学生分层（优、中、差三个层级），并通过适当的谈话让学生知道自己的实际情况，建立学生情况登记表。学生所处的层级随着体育舞蹈技术水平的不断发展变化进行调整，对教师来说，掌握学生的学习状况，可以为之后有针对性地进行个性化教学打下关键的基础。

（二）保证有效的师生互动，营造良好的教学氛围

师生互动指的是在课堂中教学情境内，教师与学生之间的情感、思想、共享信息的人际沟通活动。师生互动是教学情境下的人际交往，教师和学生都是互动的主要部分，由此形成“教”与“学”的高度统一。高效的教学由有效的交往所决定。师生的有效互动将直接影响师生“教”与“学”的积极性、教学效果以及学生的个性发展。

第一，教师要包容地面对每一位学生的差异，在互动交往中，教师作为教学的主导，不仅仅是传道授业，更要创造良好的师生互动氛围，使学生在课堂氛围中感受到轻松、自在、相互信任的课堂环境，感受到自己的存在，感受到来自教师的正面意见和忠告，形成良好的、正能量的积极人生态度和课堂体验，让每个学生在互动中感受到教师对自己的关注，在教师的正确引导下，发展自我，为个性化教学的实施提供客观条件。

第二，课堂氛围主要靠教师的营造和引导。教师要营造较为轻松、诙谐的教学氛围，鼓励学生自由大胆地设想。成功的教学靠的是师生间真诚的尊重和相互信任，以及安全和谐的课堂氛围。此种关系可以激发学生的学习的兴趣，唤醒学生的思维潜能，挖掘学生的创造力，为学生的个性展现一片自由的蓝天。在课堂上，教师应该与每一位学生都有眼神的交流，对每一位学生都有鼓励的话语，与每一位学生都有微笑的肯定，使每一个学生都能发展健康的个性。

第三，教师引导学生“因地制宜”选择适合自己的方式及方法学习，同时鼓励学生的发散性思维和多样性提问，引导学生通过自己的方式找寻属于自己的学习体育舞蹈之路，同时去探索和发现问题。对学生而言，这是一种初步对个性的追求，对创新的尝试。在学习技术动作之时，有较为简单的、基础跳法，但教师可以采用先发散后集中的策略，让学生想出一个动作的多种跳法，如女士滑门步中做完后退步伐之后，将原先的抑制步改为转体 360 度再接库克拉恰动作等。教师对各种跳法

进行比对分析，再让学生自己进行综合总结，找到适合自己个性的学习方法及跳法。

（三）创新教学方法，拓展教学思维

随着人类社会不断的进步，对精神文明的追求以及科学的不断探索，要在体育舞蹈教学中真正实现以学生个性为核心的教育目标，必须运用符合当代社会发展的教学理论对课堂教学进行指导，并且教学方法和手段随着学生的实际学习状态的变化做出相应的调整。教师在课堂中应当多与学生友好互动、共同努力、教学相长，在处理好传道授业和发展学生能力的同时，更要注意培养学生的独特性和自主性，引导学生自我发现问题、质疑、探索，在“实战”中不断地累积经验，使得学生在教师的引导下积极主动地、富有个性地学习。教师是课堂中的主导者，要将传统的大一统的填鸭式教学改变成启发式、诱导式的教学，教师自己还需加强学习，不断努力提升自我，只有自己的知识内涵成为一条涓涓小溪，才能带给学生更多的知识和能量。因此，在教学中要突出学生的主体性可以采用探究式教学、讨论式教学、角色互换教学、自主式教学等。

（1）探究式教学是在课堂中教师为学生营造某种问题情境，引导学生进入，并通过自己的能力，思考得出答案，教师在最后进行补充和纠正。例如，在体育舞蹈复习课中，用探究式教学取代教师带领学生机械的学习模式，具体方法如下：学生探究就是教师示范出典型的技术动作，并将动作分解，有很多其他步伐中都有类似的技术动作，让学生自己探究出其特点，如步伐的走向，胯位、手臂的位置，头的位置，身体的转向等，找出其他类似跳法的步伐。不同的思维拓展体现了学生学习体育舞蹈的深度，教师应为学生之间的互动交流给予认可和鼓励。之后的学生自我练习就是在探究的基础上，发现类似的步伐，轻巧地掌握其动作要领。在动作难度上，呈阶梯形递增，这样既满足了每个层次学生的学习水平，又提升了学生在学习上的深度。教师在确认学生对现有知识和技术已经充分消化了之后，可以对知识学习进行更深层次的引导，让学生对新知识充满好奇、兴奋和挑战，从而督促自己的进步。教师在学生练习时不仅要对动作的完成度进行评价，更要对相似动作的拓展和知识迁移进行肯定，表扬有独特创造力的学生，同时对只是模仿其他同学的动作的学生，在学生自由表达想法环节时，要让大家得到警醒。例如，伦巴舞的方形步是一个非常基础但又至关重要的步伐，它可以拆分为两只脚的前基本步和后基本步，为了铺垫接下来要学习的步伐，教师将着重讲解前基本步、后基本步的技术要领，然后通过语言引导，让学生总结出类似的步伐，如手拉手、纽约步、前进后退、滑门步等步伐，经过练习巩固，最后反馈，总结出每个动作类似的地方、有区别的地方、难度更大的地方，让学生更牢固地记住动作的技术要领，提高技术水平，并在以后遇到类似的步伐时可以触类旁通，快速地掌握技术技巧。

（2）讨论式教学指的是学生在课堂上围绕典型的问题积极开展讨论、争辩、表达出自己的观点和想法，让不同层次和不同组别的学生进行激烈的头脑风暴，问题的提出、解决以及各种知识力量之间的相互碰撞，突破每个学生的思维定式，从而达到培养每个学生创新能力的教学效果。例如，对女士滑门步可以有哪些不同的跳法，节奏的处理呈现出怎样不同的效果，突出展现的身体部位进行想象和讨论。一般学生都是按照正常的跳法，并且在库克拉恰做完向后转体180度的时候重心会不稳，身体动作不够舒展，对技术动作的理解不到位，展现出来的效果在舞台上会显得表现力和竞技能力都不足，在讲解类似这些技术动作之时，教师通常会让学生讨论，这个动作的单个动作的技术要领以及意义，然后由学生自行将动作组合起来，完成整个滑门步动作，这样学生对每一步、每一个动作都能掌握得较为清晰，并且收获了多种跳法并进行尝试，展现效果较好。

（3）角色互换式教学是教师在课堂上以考查学生为目的，将主动权交予学生，由学生主要讲述本节课的内容或者某个技术动作要领。例如，在伦巴舞的铜牌套路中，走步、定点转、扇形位步都是很重要的组成步伐。因此，在复习时，让某位学生口头描述动作要领、动作顺序，并且引导其他学生跟随其后，并且相互说出动作名称及重难点，这样，既完成了教学任务，也深化了学生的知识，效果极好。这样的复习模式能充分调动学生的主体性和积极性，发展学生的个性。

（4）自主式教学是指学生通过自学的方式，经过视频、图像、VCR、书籍等相关材料自己获取知识、运用知识。如学生已经初步掌握恰恰舞的律动、左右移动、前基本步和后基本步的技术动作，接下来的方形步，在教师的指导下，学生通过观看视频等途径自学，学会基本没有问题。这种学生亲身体验以及实践的方式让学生对掌握方形步的技术要领更加深刻，达到了自我突破和巩固已学知识的目的。

除此之外，教师在教学之时要经常引导学生自己不断根据现有的学习难度调整学习方法和习惯，去追求更好的状态。第一，教师可以通过邀请优秀的学长来一起交流学习心得和技巧方法，解答从学生的角度遇到的困难和问题；第二，舞种和技术动作学多了之后，有些舞蹈技术动作难免混淆和遗忘，通过给学生讲解教育心理学的遗忘规律和遗忘曲线等相关的理论知识，并在教学实践中新老动作反复练习使学生增强对动作的记忆；第三，引导学生合理安排自己的学习时间，制订出学习目标和计划；第四，当学生在练习动作遇到瓶颈时，应指导学生适时放松状态和情绪，调整一下练习内容，参加一些其他的活动，劳逸结合；第五，做好每一节课的学习笔记，附上学习心得；第六，教师需要时常鼓励学生，完成目标，用意志力和毅力最终战胜沮丧和低潮。

（四）强化个人风格，培养学生自我意识

个人风格指的是在事物不断学习发展中累积沉淀出的一种特色、一种独特的表现形式，它具有稳定的区别于其他人的稳定标志。它受每个人的身材、思想、经历、技术水平、身体素质、受教育程度影响而不尽相同。它是体育舞蹈学生在体育舞蹈的风格基础上表现出来的独特的创作意识、生活经历、造诣还有对音乐的理解等形成的艺术流派。这里呈现出来的风格是具有独特性的、稳性定的、代表性的。每一位或者一对体育舞蹈学生跳同样的舞蹈根据自身与他人的差异，所展现出来的感觉都不同。以体育舞蹈选手为例，他们的风格具有体育性与艺术性。从体育性角度来分析，选手的风格可分为：第一，速度型，如退役的世界冠军迈克尔·马林托斯基和乔安娜·兰尼斯，他们可以说是转圈速度最快最多最稳的选手；第二，力量型，如前世界冠军布莱恩沃森和卡门，他们的身材较为娇小，速度极快且技术具有强烈的爆发力；第三，线条型，他们的身材通常较为修长和匀称，注重身体线条的修饰，相对小个子的选手来讲速度较慢，如前世界拉丁舞职业组中非常优秀的选手斯拉维克·克莱克里和凯林娜·斯米尼以及国内前职业冠军张劲和罗文清。从艺术性角度分风格则凸显在：第一，狂野派，它的特点是奔放及热情，在2016年举行奥运会的国家巴西，当地有句话，“不会跳桑巴舞的人，不是巴西人”。巴西的桑巴狂欢节带给人们激情四射的感受，主要特点是将舞蹈最原始的一面展现给观众，有的选手在诠释桑巴舞音乐时，情到浓时甚至还会向观众送出飞吻，与观众形成丰富而有魅力的互动。第二，现代派，指的是比较突出新颖的动作，用更多的元素去丰富整个舞蹈，并根据自己的特点大胆尝试创造，使舞蹈更新颖，抓人眼球，像斯拉维克这样的怪才总是能将自己的舞蹈编排得与别人不同，并且大胆，极具艺术观赏价值。第三，个性派，对舞蹈有自己独特的想法和跳法，表达出来的效果在某一方面十分突出，极具个性。个性派与传统的表达方式不同，强调动作的多样和多变，如迈克和乔安娜，在他们的竞技套路中，连续转 10 圈来凸显速度。观看他们的竞赛时，常会看到独特的手形和身体姿态。

体育舞蹈的个人风格的形成大致可以分成三个阶段：模仿、形成、成熟稳定。模仿阶段，此阶段是学生对已形成的个人风格进行初步试探和模仿的阶段，也是个人风格最初的样子。在学习过程中，学生一般倾向于寻找自己喜欢的选手及风格、动作处理方式相似的选手进行模仿，即使随着学习时间的增加，学生把这个模仿的风格学习得一模一样，这都不是他自己真正独特的风格，只是这种风格的学习者而不是创造者。这只是他通过别人的方式简洁表达了自己的情感，体味这个风格的意义。在舞蹈水平上升到一定高度之后，学生一定要自我探索，根据自己的实际情况来寻找属于自己的风格，不要让模仿束缚阻碍了自己的成长空间。现如今，在赛场上很多选手都能被一眼看出来是哪一位老师的学生，或者出现整齐划一的做操式的体育舞蹈，这都需要在体育舞蹈学习中继续自我探索。风格形成阶段，这个阶段正是学生自我升华的一个重要的阶段，说明学生正在摸索着属于自己的风格，即便不稳定，但依然可以看到属于自己的风格。这个阶段需要严谨的学习和反复的考量，不断地练习和咀嚼属于自己的味道，并要摆脱定性化的培养方式。在这个阶段，一方面，学生思想意识将产生非常大的作用，影响学生对于采用何种技术要领来完成动作，用什么样的表达方式能更加流畅地抒发自己的情感和认识。另一方面，生活经历和环境对学生的影响较大，这二者较为明显地影响着学生的个人风格形成。成熟稳定阶段，学生对于体育舞蹈的理解已形成稳定的自我意识，并且对音乐、舞蹈都有自己特殊的理解，通过技术动作将自己的内心感受、思想表达给别人，不断打破自我，不断地在艺术中自我重生。体育舞蹈个人风格是一直处在发展状态之中的。

因此，教师应在师生互动过程中，认可不同的学生对舞蹈的理解以及鼓励学生的良好态度，并让不同风格类型的学生相互欣赏，做到取长补短，合作学习。在教学中教师要不断创造出适合学生学习的教学情境，引导学生反复回味整个学习过程及自我探索的过程，在重试中进步，在跌倒中站起来。

（五）提倡教师个性化，建立独特的教学风格

教师作为课堂中的灵魂人物牵引着整堂课的走向，主导着整堂课的

教学质量，体育舞蹈要实现个性化教学，必须靠教师自身的素质，这不仅仅是专业素质，更是职业操守、先进的教育理念，以及丰富的教育学学科知识，这样才能不断采取多种多样的教学方法，为课堂营造一个良好的氛围。所以，教师的个人素质在体育舞蹈个性化教学中起着非常重要的作用。教师不仅要加强对现代教学技术的理解和实践，还要提高自身的专业水平，让学生明确地看到自己的个性风格，引领学生以教师为榜样，走出一条属于自己的路。有其师必有其生，教师的个性品质也会潜移默化地影响学生个性的塑造，更会决定教师教学的水平和风格。总而言之，教学是一门优美而有味道的艺术，需要从教者长时间的累积，反复琢磨和回味，才能逐渐确定自己的个性，成为富有个性魅力的教师，从而建立具有独特美感的教学风格，让学生喜欢这个教师而逐渐地喜欢这门课程。体育舞蹈极具个性魅力，当然需要教师同样富有个性，才能相得益彰达到最好的教学效果。

教师的个性化体现在以下三个方面：

第一，教师创造力的个性化。个性化教学的终极目标就是将每个学生的个性特征展现出来。个性的培养需要教师的不断创造，一方面营造适合学生学习的氛围及课堂，另一方面以一个榜样的身份潜移默化地影响学生。为社会培养出富有个性、创造力的全面发展的人才。这就要求教师自己首先不拘泥于传统课堂，带动学生发散思维，要有较强的责任心、事业心、对专业知识的不断追求、不断对自我进行挑战和坚持不懈的毅力。这在课堂中表现为根据学生学习的不同情况不断探索新的教学方法，积极更新自己的知识，运用多种教学手段带领学生跟着自己的步伐追寻目标。同时，教师还应该注意聆听学生的心声，展开创造性教学。教师还要勇于突破自我，永不止步，一直保持在不断进步的状态中，并通过让学生间接体验创造力的丰收成果，感受创造带来的喜悦，乐享其中。

第二，教师情感的个性化。情感是个性培养当中非常重要的一个部分，在体育舞蹈学习当中，所有的情感体验都可能成为以后个人风格形成的影响因素。当学生的情感和心灵都受到触动时，教育就真正发生了作用。教师的情感个性不仅指单纯的爱恨忧喜，更是对生活的独特见解，且有鲜明的态度，爱憎分明。只有情感个性化的教师，才能将情感明确地表达给学生，让学生感同身受。教师情感的个性化主要表现为：具有相当深度的专业素养，且对专业知识抱有独特的见解，并且能独特地处理知识和教学设计，以及在授课时的表达方式等，而不是照本宣科，机械化地教授知识。课堂中，情感富有个性化的教师深受学生喜爱，上课的情感饱满而丰富，且往往随着学生与教师的频繁互动情绪越来越高涨，整个课堂幽默诙谐、俏皮生动，就像一场思想交流碰撞大会。而学生跟着教师的步伐，受到教师的情感感染体味生活中的各色各味，从而逐渐养成自己对生活的信念，形成自身的个性色彩。

第三，教师意志力的个性化。积极的人生态度、坚定不移的信心和毅力，随时调整自己的正能量，在保持自己的正确的人生观的前提下，让自己改变得越来越好。专注地投身于教学工作当中，这就是教师意志力的个性化。教师面对生活不屈不挠的积极态度，才能对学生起到正能量的影响。同时，在观察每个学生的情况时，一样需要教师的耐心和长时间关注，意志力不够的教师难以对学生做到真正的关怀，学生也感受不到来自教师的关切和爱护。教师在了解学生的过程中，要长时间处处细心和留心，用心去感受学生的内心世界，不仅看到学生的共性，更重要的是看到每位学生的特点和个性，根据每个学生的个性去激发和维持他们的学习兴趣。在这个过程中，耗时耗心，不具备无私奉献的教师是难以做到这一点的。随着时代不断更新变革，各式各样的学生出现，教师要学会和每一位学生都成为朋友，很好地交流，取得学生的信任，才能真正影响学生的内心，从而形成坚毅的个性。

总而言之，教师的个性化是对教师这份职业是一种高度的自我要求，每一位体育舞蹈教师都有一份责任担当，都影响着一份社会未来的希望。踏踏实实做好体育舞蹈个性化教学，只有教师切实做到自我个性，个性化教学才能实施，才能适应时代对人才的要求。

（六）运用多媒体网络技术提高教学效果

体育舞蹈是一项将体育与艺术高度结合的项目，且具有深厚的文化底蕴以及多种个性舞蹈风格的舞蹈，它需要教师不仅讲解技术动作，更重要的是讲解体育舞蹈的内涵及理论知识，让学生正确理解、认识这项运动，并且在之后的技术学习中能将舞种的风格表达出来，从而逐渐寻找到自己的风格及个性。这要求教师在课堂教学中，通过缜密、积极的思维不断向学生讲解、描述这项运动，使学生在心理上逐渐对该项目有大致的印象，激发学生学习兴趣。在接触知识的过程中，每一个学生都有自己的接受能力和学习节奏，以及情绪和态度。如果一直反复直叙讲解和练习而学生并未真正认识技术动作，学生的学习积极性便会下降，并且学习激情也很难被调动，教学效果很难提高。同样，如果一堂课上的节奏安排得非常紧凑，学生就会学得比较累。影响课堂学习节奏的因素很多，教材内容和教学方法都有可能让学生的学习情绪产生不确定的改变，如能将多媒体网络教学技术与传统的课堂教学相结合，就可调节课堂学习及教学氛围和节奏，偶尔改变学生的学习环境，也可提高学生学习的兴趣，而且更能将体育舞蹈的很多想象类的知识直观化，为学生提供更为丰富的多样表象教学，提高教学效率。

多媒体网络教学的出现为社会提供了一种全新意义上的学习方式和教学方式，它为学生提供了更多的学习机会、广阔的知识海洋以及培养学生自主探索知识的能力。它是一个从本质上让课堂更加注重学生的创新和学习能力的平台，为体育舞蹈的学习终身化和学生的持续性学习以及相互合作和学习奠定了基础。多媒体网络教学为体育舞蹈个性化提供了更好的教学辅助环境，具有更大的知识交融性和学习途径。在网络中提供知识的基础上以及教师的引导下，学生可以根据自己的兴趣、学习程度，自主选择学习内容、方式以及途径和工具，进行最大差别化的自我学习。而教师在网络提供的知识基础上，可以更加专心地为学生排忧解难，根据每个学生的学习能力，对不同的学生因材施教进行单独辅导。这样，教师即可照顾到每个层次的学生，满足每个学生对教师的求助。同时，多媒体教学可以为学生提供非常多的体育舞蹈的不同展现形式，以及让体育舞蹈的发展历史场景重现，让学生更为生动地理解体育舞蹈的内涵，懂得每个动作的意义和情感文化。教师可以通过图片、竞赛视频、纪录片、教学视频等直观演示让学生不仅加深了对知识的理解而且加深了对知识的记忆。

现在很多体育舞蹈竞赛视频、教学视频以及图片随着社会生活水平的发展，已由原先的网站普及到许多社交软件上，如微信、微博等，在手机上随时随地就能观看到许多视频，体育舞蹈视频网站时常在微信中发布国内外体育舞蹈的竞赛赛程、视频，并且会对竞赛中的选手进行跟拍，这样学生一方面可以在视频中看到自己的不足从而努力练习提高，更能监测到自己每一次的进步，与其他对手进行对比；另一方面，也让更多的体育舞蹈爱好者有了更为方便的学习途径，而且，体育舞蹈的爱好者可以根据自己的爱好去挑选想要学习的视频，甚至可以与自己喜欢的选手进行学习与交流。无论是竞赛视频还是教学视频等，网络及社交软件在社会发展中逐渐变成了学生学习的优良工具，成为学生自主学习的一大理想工具，为培养学生的个性舞蹈风格创造了良好的认知手段、条件和环境。

网络多媒体教学技术的日益发展不仅符合人们学习方式逐渐多样化

趋势，而且它所包容的信息量巨大，学生可以随心所欲地在此环境下根据自己的兴趣点和感兴趣的知识进行学习。而教师要注重调整好这种学习方式的节奏，让学生不要过度依赖网络，且始终处于一个最佳的学习状态之中。适当地运用多媒体网络教学手段，可以开拓学生的学习眼界、改善学生学习的疲倦感、刺激学生的学习积极性、发展学生自主学习的能力。教师在及时调整教学节奏的情况下，可以优化体育舞蹈教学课堂，提高学生学习的效果及质量。

第四章　拉丁舞教学理论与实践

拉丁舞（Latin Dancing）于20世纪80年代传入我国。因其强大的生命力和富于艺术性的表现形式，成为一项深受人们喜爱的体育项目。它以人自身的形体动作为表现手段，通过充满生命力的身体韵律活动，抒发人的内心情感，它集体育、音乐、舞蹈于一体，具有健身、竞技、消遣、审美等文化价值。通过在高校开展拉丁舞教学，其深受当代大学生的喜爱。

第一节　伦巴舞教学理论与实践

伦巴舞起源于古巴，舞步婀娜多姿，风格上具有柔美抒情的特点；音乐上缠绵深情，并配以情歌伴唱；节奏是每小节8拍，1拍移动3步。

一、伦巴舞的特征

（一）身体特征

从身体上说，伦巴舞的重点在于臀部，不是动作幅度越大越好，而是以一种自然的状态摆动。女士通过移动来突出自己的臀部，男士通过移动和对移动的感觉来突出自己的臀部，但要注视自己的舞伴。

（二）动作特征

在伦巴舞中，走步并不是为了“移动”，而是为了转移体重。这种转移体重的动作与扭转动作合二为一。正是由于这两种动作井然有序地配合，才使伦巴舞有了自己的基本特征。

（三）空间特征

从舞蹈设计上来说，这种舞蹈并不是在空间中移动，而是在空间中被创造出来的。舞伴在舞蹈中围绕对方转动、滑行，经过对方，并进出一个共享的中心区域。与桑巴舞和恰恰舞相比，尽管使它具备基本而又不断变化的外形的是动态的形状而不是身体的造型，但伦巴舞更加强调动作的形状和设计。

（四）韵律特征

伦巴舞由冲动和冲击这两种交替的动作组成。同时又强调将它们二者合二为一，以便产生动作的连续性。尽管在动作的表达上存在一些重点，但它们并不打断动作的流动性，而是在连续动作的自然流动中运送动作。

（五）动态特征

伦巴舞顺应重力，具有沉重这一独特的动作属性，在本质上又与自由流动和持久灵活的属性相结合。这种属性大多在迈步之后出现，而走步本身大多是受限制的、突然的、强烈的和直接的。

二、高校伦巴舞基础技术训练教学内容

（一）伦巴舞基本站姿

伦巴舞的站姿是跳好伦巴舞极其重要的环节，它支撑着伦巴舞整体的框架。其站姿要求双脚脚跟并拢，脚尖打开 15 度。双腿夹紧并且膝盖伸直。腹部和臀部向里收。后背保持直立，尤其是头部与尾椎骨保持垂直。身体重力主要以骨架支撑，肌肉基本放松，视线以朝正前方为主。要想更好地提高舞蹈整体的美感，在赛场上更好地展示自己的舞蹈动作美感，更好地吸引裁判目光，基本的站立姿态尤为重要，也为基本动作更好地完成奠定了良好的基础。

（二）伦巴舞的基本步伐

伦巴舞所有的步伐基本上都是先以脚尖先接触地板再换成前脚掌，并施加压力在地板上，而脚跟则在步伐到达定位之前一点点地降下。至于后退的动作，则先以前脚掌带动再换成脚尖，最后脚跟随着步伐到达定位点后重心移动才降下。在跳完此步伐之后，那只没有承受重量的脚跟才能很轻松自然地移开。但这只没有承受重量的脚移动时绝不能弯曲，例如，在做伦巴前进走步时，通过主力脚给地板压力带动动力腿膝盖及脚尖拖动地板向前出步。

（三）伦巴舞基本三要素

1. 转动

两脚原地不动，腰胯经前旁后三个方向向上扭转划八字强调胯部动作。后背脊椎即上体超过腰部胯部转动，带动腰部胯部转动，腰部胯部呈扭绳状。伸膝压踩力量达到支撑脚前脚掌，随惯性进入另一侧身体转动。

2. 律动

律动是在转动的基础上加上了膝盖的弯曲与伸直，使重心在两腿中转换，动力腿膝盖尽量向前延伸，同时主力腿超直。两膝盖形成强烈的拉弓形态，扭转腰部，上体面朝正前方。

3. 移动

第二、三拍原地律动。第四拍出脚随即第一拍在第四拍的位置，原地在地面转动胯部重心。先转胯部，再带动异侧腿被动出脚，两大腿根有如绳索捆绑，要紧紧夹住。注意每次移动脚步就要移动重心，每次移动重心都要同转压胯。同转压胯后，重心要落在支撑腿上。

（四）伦巴舞基本三要素运用

伦巴舞基本三要素非常重要，几乎在伦巴舞所有动作中都要用到这三个要素。例如，伦巴基本步方形步，先通过主力脚髋部转动，然后左脚前进到达重心接着髋部再转动形成切角，经过左脚对地板施加压力，重心移动同右脚，髋部再转动，收回左脚向旁移动重心，髋部转动，右脚后退到达重心，髋部再转动，先前移动重心，髋部转到侧旁移动重心，这就是完整的方形步。在做前进步的时候运用基本三要素，在每一次出步时，主力腿髋部转动主力腿，通过动力腿弯曲再伸直的弹性再出步，身体重心到位。

三、高校伦巴舞基本技术教学安排注意事项

（一）伦巴舞技术基础教学阶段计划的安排

对于初学者来说，练习过程不应操之过急。伦巴舞是拉丁舞中最基础的舞蹈，应该有计划、有目的地进行，才能达到最佳效果。因此，制订教学计划的过程是一个组织良好、富于方法性和科学性的过程，有助于提升选手的基本技术和运动成绩。这样，制定伦巴舞教学计划便成了教师实施设计教学计划大纲最重要的手段。基本技术教学阶段的教学计划必须简明，富有启发性、灵活性、可塑性。随着学生学习的进度以及掌握知识的增加，计划中内容需要不断地进行修改，教学计划是围绕着教学大纲、各种教学要素间的比例、各种教学成分等内容制定的，教学计划应根据阶段教学的主要任务和基本内容来制定，应考虑此阶段学生的年龄、生理、心理特点来安排教学计划。

（二）伦巴舞技术基础教学阶段的训练负荷控制

伦巴舞训练负荷是指在教学训练过程中，以身体练习为基本手段对学生有机体施加的训练刺激。训练刺激引起机体的反应主要表现在生理

和心理两个方面：一是生理负荷，指学生在训练时生理方面所承受的刺激；二是心理负荷，指选手在训练的时候心理方面所承受的刺激。

运动负荷包括负荷强度和负荷量，伦巴舞训练阶段负荷不宜过大，应严格遵守循序渐进的原则。开始时，在量和强度同步增长的前提下，优先增加量，在该阶段的后期达到最大量的60%～70%。负荷的节奏应采用渐进式逐步提高，而且提高的幅度不宜太明显。该阶段对初学者实施过大负荷，会断送他们的运动生涯。专项技术训练阶段的教学比赛次数不应过多，强度不宜过大，教学比赛应以基础能力的比赛为主，随训练水平的提高，逐步提高专项训练比重。

（三）伦巴舞技术基础训练阶段的恢复

伦巴舞现代训练中，突破原有的限制因素，提高学生运动成绩最有效的做法之一就是运用恢复手段。在教学过程中初学者要想顺利地完成各项任务，没有专门的恢复体系和方法是不可能实现的。恢复问题应在训练的各阶段的训练过程中解决。恢复措施能促进训练后快速恢复，能保证实现训练目标所需要的那种持续性的高水平身体能力和心理能力。

四、高校伦巴舞教学创新实践

（一）高校伦巴舞教学科学化思路

1. 注重分类指导，因地制宜，确保伦巴舞基本功的传授

作为一种极具运动竞技色彩的新型舞蹈样式，伦巴舞与我国传统的民族舞在形态、节奏、步伐、技法等多个方面存在较为显著的差异。相较于传统的民族舞，伦巴舞更具自由奔放的特点，更强调人的自由个性的发挥和展示的风格。大学生基本都处于18～22岁的年龄段，对于个性、自由与特立独行十分推崇，这就更加要求伦巴舞教学必须符合大学生的生理和心理特点，更贴近大学生活的实际。只有实事求是、因地制宜地开展伦巴舞教学，大学生才能真正对舞蹈课程感兴趣，教学的推进才能更加务实有效。其中，伦巴舞教师必须注重对基本功的训练和培养，尤其是伦巴舞的基本技巧、基本能力与舞蹈文化的传授。教师要帮助大学生树立良好的伦巴舞意识和习惯，培育参与和练习伦巴舞的主观能动性。

例如，在伦巴舞教学中要让学生了解伦巴舞的风格特点——伦巴表达了人浪漫而抒情的一面等。通过这些知识的传授来发挥学生的创造力、想象力，从而改变单一的模仿，让学生懂得虽然自己是业余的，但是有能力把伦巴舞的文化内涵表现出来。再如，教师要配合讲述、谈话

讨论法来提高学生的观察力、注意力，使学生获得正确感知的能力、发展认识能力；采用“正确、标准的规范动作教学法”和熟巧的“分习或长习强化操练法”，让学生快速掌握伦巴舞基本功。

2. 教师以舞蹈分节教学为核心，引导学生逐渐进入伦巴舞情境

高校伦巴舞教学中教师和学生必须相互配合，运用协作的力量才能推动教学的进步。其中，教师要发挥主导作用，不断提升教学的活力和内涵。教师可通过打造和维护良好的师生关系来引导学生热爱体育舞蹈课，从而慢慢培养学生的学习兴趣。教师要在教学中发挥积极主动的作用，主动与学生互动、沟通和交流，努力成为学生的好朋友，帮助学生真正掌握伦巴舞的技巧和技法。因此，教师要把师生关系的塑造、培育作为体育舞蹈教学的一个突破口，以良好的关系激发学生学习伦巴舞兴趣。

例如，在平时的伦巴舞分节课堂教学中，教师可以采取师生互动、彼此协作的教学模式，以此培养师生之间的默契，同时帮助学生更快地建立信心，培养学生对伦巴舞的学习兴趣。教师可以选取不同的伦巴舞经典舞蹈动作，与学生开展互动式的练习。在此过程中，大学生不仅可以逐渐进入伦巴舞的情境，而且整个身心能够完全地投入，他们对于伦巴舞的积极性得到释放，教学工作的效率自然而然会得到提升。

3. 积极引导学生自主练习和实践，不断提升学生的伦巴舞水平

高校伦巴舞教学的最终目的还是要帮助学生掌握伦巴舞技巧和提高运动能力，要让学生在不断地舞蹈练习和实践中掌握伦巴舞的精髓，同时获得成长的快乐。伦巴舞是所有体育舞蹈项目中群众基础比较好的一种，也深受大学生的喜爱。同时，伦巴舞教学的开展务必以学生为主体，让学生多多参与，在舞蹈中感受快乐。所以，开展伦巴舞教学工作，首先要根据教材及教学大纲的要求制定科学的教学思路和策略，其次要根据学生的需求开展有针对性的教学。因此，伦巴舞教学的创新需要广大教师付出更多的努力，也需要师生的密切配合与协调。

例如，在平时的课外伦巴舞练习中，教师可以抽出一些时间给学生讲解伦巴舞的起源和发展的故事、趣闻与理论内容，然后带领学生开展伦巴舞练习及小组竞赛等。如此，学生不仅了解了关于伦巴舞的有趣故事，而且可以更加积极主动地投入到学习伦巴舞中来，从而达到一举多得的目的。总之，类似的思路和策略能够很好地提升高校伦巴舞教学的效果，也可以成为教师教学的重要参考，值得进一步推广、应用。

（二）高校伦巴舞教学中音乐的应用

1. 伦巴舞音乐的特点

伦巴舞音乐多为柔媚抒情的歌曲，区别于恰恰舞音乐的热情奔放、牛仔舞音乐的旋律跳跃、桑巴舞曲的热闹强劲、斗牛舞音乐的昂扬雄壮。在舞蹈教学中，教师不但要教会学生掌握舞蹈动作，更需要教会学生会听音乐，听懂音乐，使舞蹈动作和音乐节奏相统一。伦巴舞的音乐节拍为 4/4 拍，在音乐速度上设计为每分钟 27～31 小节，通常比赛的速度为每分钟 27 小节，考试时则可以每分钟 28～31 小节。节奏采用 4 拍走 3 步。第 1 拍为静止拍，第 2 拍开始跳，强拍落在每小节的第 4 拍上。胯部随音乐转动 3 次，从第 2 拍开始由脚踩地发力带动胯部转动 3 次。胯部转动动作是由重心所在的一只脚，向另一脚转动形成“∞”（横 8）形。随着科技的发展，伦巴舞音乐在编曲上也进行了创新，有些音乐鼓点清楚明晰，有些却没有很强的重低音；有些附有伦巴舞特点的流行歌曲，有些是耳熟能详的钢琴曲。舞者可根据自己的喜好选择舞曲，也可根据舞蹈所要表达的情感来选择音乐。原创编舞还可以根据需要自己制作音乐。

2. 舞蹈动作和音乐的融合

伦巴舞作为体育舞蹈的一种，与其他体育项目不同，体育舞蹈具有表演性，在比赛中需要音乐的伴奏，所以音乐在伦巴舞比赛和表演中起着重要的作用。音乐的风格是指组成音乐的各种要素之间的结合方式，如音乐的音色、鼓点的轻重、音乐的曲式、音乐的旋律等有机结合方式。随着科技的发展，伦巴舞音乐也在编曲上进行了创新，也出现了一些专门下载伦巴舞音乐的网站，这些音乐一般是伦巴舞专用音乐，或是对一些耳熟能详流行歌曲进行改编，使之更适合伦巴舞。音乐会不自觉地刺激人的神经系统，如跑步时听一些摇滚音乐会更加兴奋，睡觉时听一些轻音乐有助于睡眠。体育舞蹈音乐亦是如此，音乐从舞者的耳朵传入并用优美的舞姿表现出来。以伦巴舞音乐为例，伦巴舞大多是表现男女爱情生活故事的，舞姿时而煽情，时而性感，时而缠绵徘恻，时而若即若离。伦巴舞步具有平稳、强韧等特点，因此也可以根据竞技、表演的需要，更加充分的利用节奏。例如，对某一拍进行切分或延长，舞蹈动作也随音乐节奏的切分或延长来体现，乐感和舞感好的选手常常会合理地利用音乐，巧妙地分割音乐节奏，体现出伦巴舞慢中有快、柔中有刚的特点。同时根据伦巴舞曲的重拍，也可以体现出舞者的爆发力。音乐响起时，舞者要根据音乐内容给自己设置一个情境，使自己融入其中，就会使舞蹈更具有画面感。只有将音乐与舞蹈有机结合，才能体现体育舞蹈的魅力，实现体育舞蹈中动与静、神与形、身与心的相互融合。

3. 体育舞蹈与音乐融合的教学方法

体育舞蹈教师要具备良好的音乐素养，有较强的艺术感知能力，能够科学地选择音乐进行教学活动，教师在教学中不应只注重学生舞蹈步伐的学习，更应该教会学生理解音乐，适应不同速度的音乐，使动作和音乐和谐统一。教师在教学中应该注意音乐的选择，所选的音乐要与舞蹈所表达的情感一致。许多教师常常会忽略这一点，选用的音乐和舞蹈所表达的情感不符，这就使学生在学习中很难理解音乐的作用，大多数学生只是单纯地踩着音乐节奏走舞步，这样不利于向更高的水平发展。所以教师应根据舞蹈的动作选择与之协调的音乐设计教案，使学生在学习舞蹈初期就能听懂音乐，从而对体育舞蹈有一个更深入的了解，为以后的学习做铺垫。无论是在竞赛中或是教学中，音乐和舞蹈总是呈现你中有我、我中有你的特点，二者相辅相成，不可分割。如果忽略音乐的重要性，舞蹈就失去了表现力和生命力。体育舞蹈教学还要注重与学生的兴趣相结合，通过师生之间的交流，使学生更快、更好地接受音乐与舞蹈动作的融合，让学生在音乐旋律的指引下学习舞蹈。首先，教师要注重学生舞蹈基本素养的教学，然后再教学舞蹈的基本技术，在此基础之上，逐步培养学生的乐感，最后有机地把音乐与舞蹈融合起来，将教学分为几个阶段，一层一层地递进，更加科学地进行教学。以伦巴舞为例，伦巴舞曲抒情、悦耳，古典的伦巴舞曲为4/4拍，我们形象地把节奏描述为“咚—不拉恰—咚恰—咚恰”一直循环下去，教师可根据此节奏的规律对初学者进行教学，初学者不仅可以学习舞蹈动作也可以感受音乐与舞蹈相结合所具有的魅力。还有一些为当代年轻人所喜欢的歌曲，学生可根据歌曲的意境来想象舞蹈动作。每个作者创作每首音乐都有其背景，每个舞者都可以把自己想象成创作音乐的作者，然后把自己想要表达的情感通过舞蹈动作表现出来。在音乐和兴趣的帮助下，舞蹈技术可得到提高，舞感也会越来越好。学生通过对舞蹈和音乐的学习和感知，审美能力和审美情趣也会得到提高。在音乐的帮助下，让学生感受到学习舞蹈的乐趣，在增强身体素质的同时，开阔视野，拓宽知识面，在快乐中学习。

第二节　恰恰舞教学理论与实践

一、恰恰舞概述

（一）恰恰舞的起源

恰恰恰源于非洲，后传入拉丁美洲，在古巴得到发展。其舞曲热情奔放，舞步干脆利落，步频较快，舞姿诙谐风趣，明朗轻快。拉丁舞系中恰恰恰的历史最短。

（二）恰恰舞与伦巴的异同

不同：伦巴浪漫、有序和稳固，用轻擦地面的拖步来表现情意缠绵；恰恰舞俏皮、逗趣、轻快，用稍离地面的踏步来表现心情欢快。

相同：恰恰舞与伦巴都是古巴舞蹈，舞者以音乐第二拍开始前进或引导；都是在规定范围内的定点式舞蹈，舞者选择自己喜欢的位置和舞蹈范围，相对地移动方向，以求表现最好；脚步动作都是先出脚尖。

（三）恰恰舞的特性

恰恰舞原是仿效企鹅姿态而创造出来的。舞者跳舞时好比两只企鹅，喜欢时相对而舞；如果女伴感到不太满意，可以转身而去，男伴赶紧跟上，跳到女伴面前，表示和解，这是恰恰舞一反交谊舞常规，由女子引导的原因。恰恰舞中包含直接面对现场观众的舞蹈动作，其表现力以能够激起观众情绪为佳。逗趣、俏皮、活泼的动作与现场观众互动，而观众热情反馈。舞曲热情奔放、节奏感强，舞姿花俏轻巧，舞步利落紧凑，特别容易使人兴奋，最适合聚会，因此在全世界广泛流行。

（四）恰恰舞的音乐

恰恰舞的音乐使用打击乐器，旋律中加有切分音，通常是短音或跳音，制造出“顽皮”的氛围渲染气氛。

节拍数法：“慢、慢、快快、慢”“踏、踏、恰恰、踏”和“2 3 4&1”。

恰恰舞的音乐节奏为 4/4 拍，有时是 2/4，每分钟 30～32 小节。每小节 4 拍，第 1 拍是强拍，第 2 拍动脚，第 4 拍被分成两个半拍完成。4 拍走 5 步，不可有起伏。

二、恰恰舞的基本步技术教学

(一) 追步与锁步

说明：恰恰舞追步和锁步时，身体重心高度不变。

1. 恰恰舞右追步（基本的左、右追步）

恰恰舞右追步基本形式由三步组成，分向左、右、前、后和原地，转与不转。在做追步时，第一个舞步数“4”时向侧移动，脚掌着地，稍屈膝；第二个舞步数“&”时半关闭，双膝稍屈，脚跟稍提起，重心完成在脚掌上；第三个舞步数“1”时，一脚伸膝发力，将另一只脚侧向推，脚掌着地，结束时两膝伸直，重心脚由脚掌变为全脚着地，非重心脚脚跟提起。

口诀：侧并侧（男女舞伴动作相同，不再说明）。

拍值：1/2 拍—1/2 拍—1 拍。

节拍：4&1、恰恰恰、恰恰 1。

重点：随脚掌挤压辗转，及时扭胯，交换重心。

(1) 右追步动作见表 4-1。

表 4-1　恰恰舞右追步动作

步数	脚位	脚法	节奏	拍数
1	右脚小步向右横跨一步	掌	第 4 拍的上半拍	1/2
2	左脚并与右脚左侧	掌	第 4 拍的下半拍	1/2
3	右脚向右侧稍前横跨一步	脚掌平伏	第 1 拍	—

(2) 左追步动作见表 4-2。

表 4-2　恰恰舞左追步动作

步数	脚位	脚法	节奏	拍数
1	左脚小步向左横跨一步	掌	第 4 拍的上半拍	1/2
2	右脚并左脚右侧	掌	第 4 拍的下半拍	1/2
3	左脚向左侧稍后横跨一步	脚掌平伏	第 1 拍	—

2. 锁步（分前、后锁步）

(1) 前锁步。前进锁步指数“4”时前脚掌着地；数“&”时后脚尖放在靠近前脚跟稍外侧的位置，脚尖外转，前腿直膝，后腿稍屈；数“1”时后腿伸膝发力，将另一脚推向前，前脚掌向前偏右着地。

前锁步动作见表4-3。

表4-3 恰恰舞前锁步动作

步数	脚位	脚法	节奏	拍数
1	右脚小步前进	脚掌平伏	第4拍的上半拍	1/2
2	左脚交叉在右脚后	掌	第4拍的下半拍	1/2
3	右脚前进重心在右脚	脚掌平伏	第1拍	—

（2）后锁步。后退锁步指数“4”时脚后移，脚尖放在前脚跟垂直线稍外侧，直膝；数“&”时脚后移，脚掌着地，脚跟放在靠近后脚脚尖稍外侧，脚尖外转；数“1”时一腿伸膝发力，将另一脚推向后，脚掌向后偏左着地。

后锁步动作见表4-4。

表4-4 恰恰舞后锁步动作

步数	脚位	脚法	节奏	拍数
1	左脚小步稍微退一步	掌	第4拍的上半拍	1/2
2	右脚交叉在左脚前	掌	第4拍的下半拍	1/2
3	左脚后退重心在左脚	脚掌平伏	第1拍	—

要求：整个手臂放松，随脚动顺应做出手臂动作。

重点：先出胯后出步，出步后随即压胯。

（二）方形步

预备：开立，重心在右脚，左脚侧点地，两臂体侧自然伸展。

第一小节：

左脚向前一步，右脚稍屈膝，重心在两脚中间偏前，胯向左后扭摆。(第2拍)

重心回到右脚上，右腿伸直，胯向右后扭摆。(第3拍)

半拍，左脚迅速向左侧出一步，胯向左扭。(第4拍的上半拍)

左脚再向左侧出一步，重心在左脚上，胯向左后扭摆。(第1拍)

第二小节：

右脚后退一步，左腿伸直，重心后移，胯向右后扭摆。(第2拍)

重心前移到左脚，胯向左后扭摆。(第3拍)

半拍，右脚迅速向右侧出一步，胯向右扭。(第4拍的上半拍)

半拍，左脚迅速追步，与右脚并拢，胯回扭。(第4拍的下半拍)

右脚再向侧出一步，重心在右脚，胯向右后扭摆。(第 1 拍)

3. 前进后退步

预备：开立，重心在右脚，左脚侧点地，两臂体侧自然伸展。

第一小节：

左脚向前一步，右腿稍屈膝，重心在两腿中间偏前，胯向左后扭摆。(第 2 拍)

重心回到右脚上，右腿伸直，胯向右后扭摆。(第 3 拍)

半拍，左脚迅速后退一步，重心后移，胯向左后扭摆。(第 4 拍的上半拍)

半拍，右脚迅速后退，与左脚成锁步。(第 4 拍的下半拍)

左脚再后退一步，重心在左脚上，胯向左后扭摆。(第 1 拍)

第二小节：

右脚后退一步，左脚伸直，重心后移，胯向右后扭摆。(第 2 拍)

重心前移到左脚，胯向左后扭摆。(第 3 拍)

半拍，右脚迅速前进一步，重心前移，胯向右后扭摆。(第 4 拍的上半拍)

半拍，左脚迅速前进，与右脚成锁步。(第 4 拍的下半拍)

右脚再前进一步，重心在右脚，胯向右后扭摆。(第 1 拍)

第三节　桑巴舞教学理论与实践

一、桑巴舞概述

桑巴是强烈而有特性的舞蹈，起源于巴西。桑巴舞音乐为 2/4 拍，一般音乐速度为每分钟 48～56 小节，舞曲的节奏热烈、欢快。桑巴舞主要强调上下的弹动，脚步的动作应完全用脚掌来做，但脚掌平踏地脚跟不能着地。桑巴舞行进的路线是波动的，并沿着舞程线绕场，也称“游走型”的舞蹈，跳桑巴舞应找到一种髋部韵律的感觉，手臂应随着髋部的运动和音乐的特定节奏进行舞动。桑巴舞既有伦巴舞的横向运动，又有前后推动的胯部动作，同时还要有膝盖的弹动力，所以它是拉丁舞中较难学习的一种舞蹈。

二、桑巴舞基本步型

桑巴舞步中每一步都伴有膝部的弹动，这是桑巴舞的主要特点。跳桑巴舞时弹动中的身体弹动发生在前一小节的最后 1/4 拍上。

1. 左进基本步

左进基本步（Reverse Basic Movement）是在闭式舞姿上左脚前进的基本步，舞步在重拍时脚掌平着前进或后退，在“a”时用脚掌踮步（图 4-1 和表 4-5）。

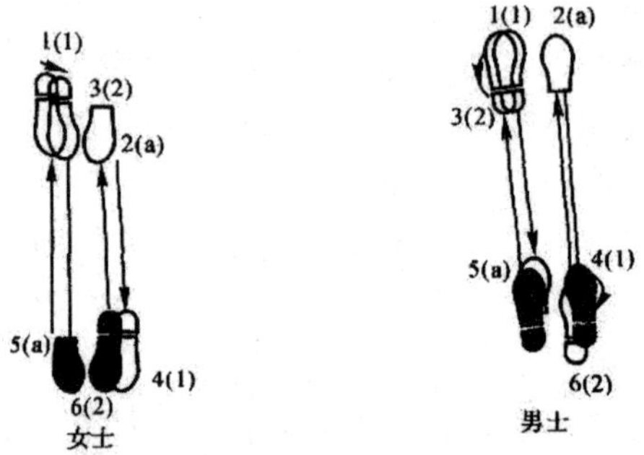

图 4-1　桑巴舞左进基本步动作

表 4-5　桑巴舞左进基本步动作

步序	节奏	基础步型	参考要点
1	1	男：左脚前进，膝稍弯手臂的高度与眼睛平 女：右脚后退，膝稍弯	重心放在右脚，两膝稍弯，用前脚掌支撑，通过前脚掌的压力来做
2	a	男：右脚掌并左脚，膝稍伸直 女：左脚掌并右脚，膝稍伸直	身体要自然挺直，头要正直，男伴右手放在女伴的左肩膀上
3	2	男：重心移至左脚，膝稍弯 女：重心移至右脚，膝稍弯	男女舞伴搭持手臂高度以眼睛高度为宜
4	a	男：重心仍在左脚，膝稍直 女：重心仍在右脚，膝稍直	节奏 2 膝也是曲的，但比节奏 1 稍直些，这一步注意身体稍有延伸
5	1	男：右脚后退，膝稍弯 女：左脚前进，膝稍弯	有引导女伴的动作，身体保持正直

续表

步序	节奏	基础步型	参考要点
6	a	男：左脚掌并右脚，膝稍弯 女：右脚掌并左脚，膝稍弯	并脚时擦脚边，借膝部伸直之势拉伸身体线条
7	2	男：重心移至右脚，膝稍弯 女：重心移至左脚，膝稍弯	注意更换重心时平稳，而不留痕迹脚跟轻落

2. 右进基本步（Natural Basic Movement）

右进基本步是在闭式舞姿上右脚前进的基本步，做法与左基本步相同，只是进退的脚步不同（图 4-2 和表 4-6）。

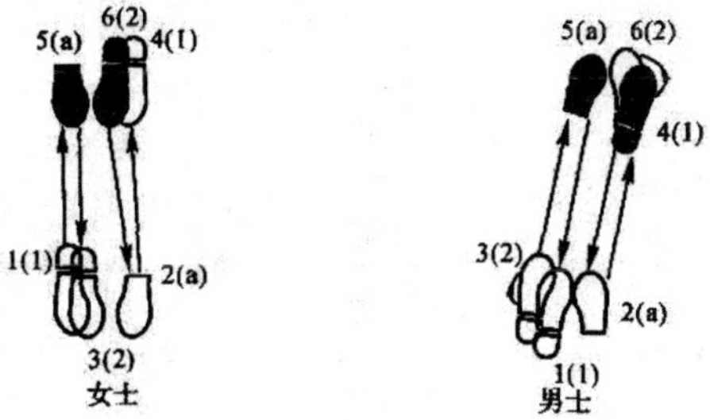

图 4-2　桑巴舞右进基本步动作

表 4-6　桑巴舞右进基本步动作

步序	节奏	基础步型	参考要点
1	1	男：左脚后退，膝稍弯（闭式舞姿开始） 女：右脚前进，膝稍弯	练习的重点应是重心的转换
2	a	男：右脚掌并左脚，膝稍伸直 女：右脚前进，膝稍伸直	脚法上注意运步始终用前脚掌平面
3	2	男：重心移至左脚 女：重心移至右脚	注意脚踝和膝部的联动
4	1	男：右脚前进，膝稍弯 女：左脚前进，膝稍弯	比节奏 2 时的屈膝度稍大些
5	a	男：左脚掌并右脚，膝稍直 女：右脚掌并左脚，膝稍直	—

续表

步序	节奏	基础步型	参考要点
6	2	男：重心移至右脚，膝稍弯 女：重心移至左脚，膝稍直	节奏 2 与节奏 1 的屈膝稍有不同：节奏 2 的屈膝比节奏 1 稍小些

3. 叉形步

叉形步（Whisks）是一只脚叉在另一只脚后的动作，在第 2、第 5 步用脚掌踏地时，另一只脚留在前面，脚尖下垂，其他步用脚掌自然地踏地（图 4-3 和表 4-7）。

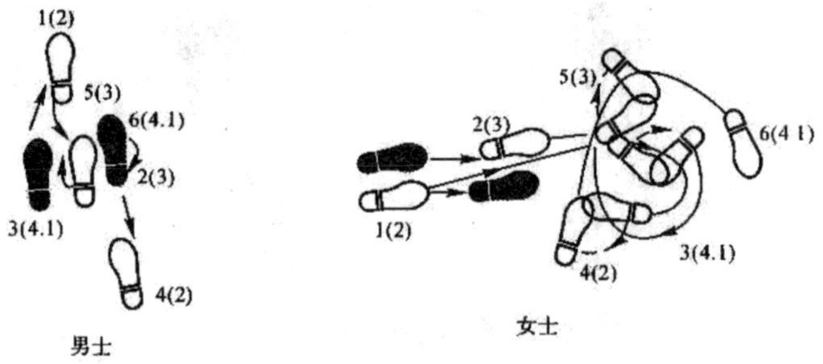

图 4-3　桑巴舞叉形步动作

表 4-7　桑巴舞叉形步动作

步序	节奏	基础步型	参考要点
1	1	男：左脚横步 女：右脚横步	这一步属于基本训练步型，重点掌握节奏的准确
2	a	男：右脚尖点踏在左脚跟后交叉点 女：左脚尖点踏在右脚跟后交叉点	节奏 1/4 拍身体向上延伸
3	2	男：重心移至左脚，膝稍弯 女：重心移至右脚，膝稍弯	屈膝时身体不可下来，应顺势延伸
4	1	男：右脚横步 女：左脚横步	处理好节奏的 1/4 拍与 3/4 拍的关系
5	a	男：左脚尖点踏在右脚跟后交叉点 女：右脚尖点踏在左脚跟后交叉点	初学时尽可能用最简单的动作

续表

步序	节奏	基础步型	参考要点
6	2	男：重心移回右脚 女：重心移回左脚	注意运步时与手臂的配合

4. P. P. 舞姿的桑巴舞走步

当需要变换舞姿时，先做叉形步。在做到第五步时，男伴向左转90度，女伴向右转90度即可变成P. P. 舞姿（Samba Walks in P. P.）（图4-4和表4-8）。

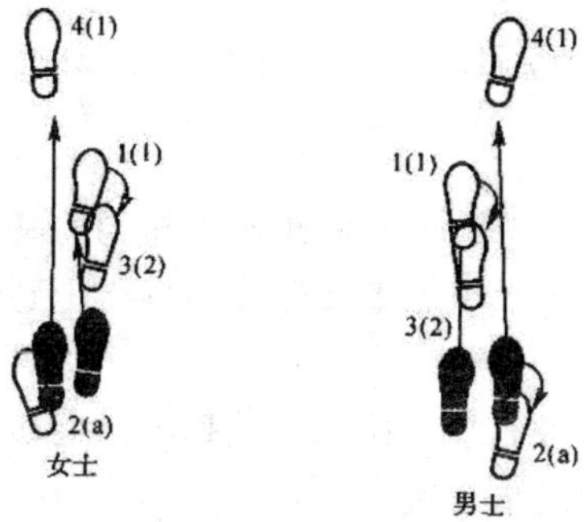

图4-4　桑巴舞P. P. 舞姿动作

表4-8　桑巴舞P. P. 舞姿动作

步序	节奏	基础步型	参考要点
1	1	男：右脚前进（脚掌平进） 女：左脚前进（脚掌平进）	这一步也属于基础步型，注意脚掌的重心和手臂动作的协调
2	a	男：左脚脚尖向后退，左腿伸直后撑 女：右脚脚尖向后退，右腿伸直后撑	注意步子不宜过大，主要通过身体的动作来展示
3	2	男：右脚向后拖退一小步 女：左脚向后拖退一小步	保持舞姿，运步过程中手臂既起平衡作用也是舞蹈的一个展示中心
4	1	男：左脚前进 女：右脚前进（脚掌平进）	男伴脚掌平进，身体的律动主要来自腿部和膝部运动

续表

步序	节奏	基础步型	参考要点
5	a	男：右脚脚尖向后退，右腿伸直后撑 女：左脚脚尖向后退，左腿伸直后撑	注意直进与斜进是不同的，主要区别是对胯部动作的要求
6	2	男：左脚稍向后拖一小步 女：右脚稍向后拖一小步	手臂的展示一定与音乐、身体协调一致

三、桑巴舞组合练习

1. 小组合 1

（1）开式位（男女保持一定的距离以相同的基本步起跳）。

（2）男士前走步，女士原地叉形步，待男士到位后再做一次相同的叉形步。

（3）相对桑巴舞张力步一次——接划半圆变换方位。

（4）侧型旁点桑巴步 4 次。

（5）影位步 4 次——接交剪步可反复 2 次。

（6）弗尔塔点转 2 周——接 180 度转，接滚筒前行步 2 次。

（7）原地打开式滚筒转 2 次——接前后基本步。

（8）桑巴左转——返回基本步。

2. 小组合 2

（1）相对原地桑巴舞步（准备步时男士右脚在后，女士左脚在后）。

（2）相对换位（男士垫步向前，女士换位与男士成并肩位）。

（3）蟹步（转换时男士稍停留等女士到位再移动，蟹步移动时，重心应在前脚掌上）。

（4）影位最后一次时，引导女士旋转 2 周成闭式位。

（5）相对重心转换（节奏 SQQ、SQQ、SQQ、SQQ），注意相互张力和每次 1/8 的角度变化。

（6）桑巴右转（节奏 SQQ、SQQ、SQQ、SQQ）男士退左脚的同时右脚跟拉回，退和拉是同一节奏，退步一方要慢些并有收腹动作（这一步也可用桑巴左转），前倾时应有一定的吸引对方的力。上步时身体后倾骨盆向上，身体向左倾斜。

（7）叉形变位步（由叉形补转换成横排位，男士右手抓住女士的右手腕，手心向上）。

（8）上换位（男士由左换到右横位并引导女士旋转 1 周，转后男士手心向下，成男右女左位，再次换位：在男士引导下女士由左位换到右位，这个动作可做 2～3 次，最后一次手臂都放到后背上）。

（9）转 2 周（节奏 1a2n 3a4，节奏 4 男士左弓箭步，女士双脚并靠造型。la2 时男士引导女士在身前直线位造型，节奏 3a4 时女士返身与男上成相对位，男士左脚并右脚，后退右脚成起步位）。

要点提示：

（1）膝部的练习应从膝向前一节一节向上滚动。

（2）从节奏 a 开始收腹含胸，然后再一节一节升至最高，有个突然的收腹动作再降下来，两人练习时要有相互的推拉张力。

（3）桑巴舞左右斜步练习要注意直脚，步子要小些必须把胯摆出来，脚位在旁边的前边膝盖外展后腿蹬直并有含胸收腹动作。

（4）桑巴舞斜步注意双方掌相互的力，一般力先由男士发出并引导，外展步时必须有胯部动作，而且退右脚时要把前脚稍拉回点，这时胯也有左右的摆动感。

（5）影位步两人对视同样胯要相对展开，收腹并有横摆的动作。

（6）蟹步不要成剪刀形，这样不利于前行，注意重心在前脚掌上。

第五章　摩登舞教学理论与实践

第一节　华尔兹教学理论与实践

“华尔兹”一词最初来自古德文 walzel，意思是“滚动”“旋转”或“滑动”。早在 12 世纪的德国巴伐利亚和奥地利维也纳地区的民间流行，17 世纪进入维也纳宫廷，18 世纪被誉为“欧洲宫廷舞之王”。19 世纪初传入美国波士顿，20 世纪重返欧洲，并以新的“慢华尔兹”的形式席卷欧洲大陆。音乐使华尔兹更为完美，莫扎特、肖邦、柴可夫斯基、施特劳斯等音乐大师都创作了不朽的华尔兹舞曲，尤其是施特劳斯，他使华尔兹成为“舞蹈之王”。华尔兹的风格特点是庄重典雅、华丽多彩，其动作流畅起伏、婉转多变、舞姿飘逸优美、文静柔和。舞蹈时，男伴似王子气宇轩昂，女伴似公主温文尔雅，雍容大方。华尔兹是五种摩登舞中最基础也是最难跳的一种舞，因为华尔兹是体现舞伴之间的内心世界，表现爱情的一种舞蹈，它有身体的起伏、倾斜、摆荡和反身的特点。

一、华尔兹的教学程序

（一）身体姿态的练习

华尔兹对舞者的一抬臂，一投足，一站一走等姿态都有严格的规范要求，舞者一出场，呈现在观众眼前的就应当是舒展、挺拔、典雅、端庄，给人以精力充沛又蕴藏着极大的艺术魅力的形象。华尔兹在基本站立和握抱方法上要求比较严格，所以身体姿态练习是很重要的一环。

对于非专业的初学者第一步是站立练习，通过靠墙站立练习让学生找到挺拔自然优美的站立感觉。其练习方法为：练习者两脚平行稍分开，两脚跟靠墙站立，两腿自然伸直，臀部和两肩都应触墙，然后两臂经侧抬起至与肩平，小臂自然向前弯曲，使两肘基本与肩持平，并贴着墙，颈部和头部保持正直，初学舞蹈时，每次课均应做这一练习，做5～6次，每次站 2～3 分钟，体会身体在这一状态时各部位相互关系的感觉；平时也应抓住时机，随时随地地进行这一练习，直到身体离开墙壁后，仍能保持贴墙站立时同样的姿态，这样起舞站立才算合乎要求。

第二步就是双人基本架型练习（抱握舞姿练习），注意5个接触点的位置要正确，男伴与女伴的右腰胯部要轻轻贴住，这是华尔兹中男伴引导女伴的重要部分。通过5个点的接触练习可以使男伴与女伴形成挺拔展开而自然的优美舞姿。在此基础上才能正确地做运步、向前行进、后退及左右移动、两人原地转体等练习。

（二）起伏练习

华尔兹的起伏动作关系到舞蹈质量的高低，为了保持身体重心稳定和身体线条流畅，要求有良好的起伏动作。重心的起伏是在膝、踝、趾关节的屈和伸动作的转换中完成的，在教学中起伏练习分三步，即单人单脚重心练习→单人双脚重心练习→两人的各种方向的横移伸降、转体伸降练习，使踝关节具有弹性及控制平衡的能力，使两人配合更加默契。

（三）音乐与舞蹈动作节奏感的训练

华尔兹舞蹈中，音乐是灵魂，身体动作是基础，男女舞伴要在共舞中节奏同步和谐，动作流畅轻快，靠的是音乐的内在控制力。一般说来，华尔兹的音乐舒缓流畅，富有旋律性，故舞蹈风格庄重典雅，从容大方，一派宫廷绅士气度，这是每个学习者都应把握住，也是每一个教学者在教学中要反复强调的。

国际体育舞蹈中，音乐与舞蹈有着深厚的渊源，音乐这个无形的灵魂控制舞蹈动作，体现舞蹈风格的差异，也正是音乐风格与舞蹈风格的交相辉映，才将多姿多彩的华尔兹舞蹈的音乐表现得淋漓尽致。

在华尔兹中，舞蹈动作不只限于表现出音乐的节奏，还应表现出音乐的内涵。当舞蹈者的形体律动与音乐的内涵完美地结合时，舞蹈才是成功的、动人的。当然做到这一点，对初学者来说是困难的，需要长期磨炼。初学舞时，最难的是听不出音乐的节奏，音乐一响不知该如何起步，应跳什么舞，因此可从下面三步入手：

第一步：反复听所学舞蹈的舞曲，抓重音、抓节奏。如果听不出舞曲的重音和节奏将无法起舞。在自娱性交谊舞曲中，重音多用鼓声“蓬”，弱拍用钹声“嚓”来体现，节奏清晰，舞者抓住重音在鼓声中出步即可。而摩登舞的音乐，一般没有鼓和钹的声音，这对舞蹈选手提出了更高的音乐修养要求，只有多听音乐自己去抓重音和节奏。初学者对每一舞种可先选准一个舞曲反复听，如慢华尔兹可选《一路平安》，快华尔兹可选《蓝色多瑙河》等节奏较明晰的舞曲。

第二步：变换舞曲反复听，反复跟着舞曲练习基本步。初学者在对一个舞曲熟悉之后，应及时变换舞曲，提高自己的鉴别能力。对于不熟悉的舞曲应当听 2～3 个小节之后起步，这样有助于抓住曲子的重音和节奏。

第三步：在能识别出各种不同的舞曲，并能抓准重音和音乐节奏之后，应为自己所跳的舞挑选乐曲，再反复地听。这时应用心去领会音乐的内涵和深奥的意境，陶冶自己的情操，使自己的舞蹈不只限于踏上音乐的节奏，而是将自己的舞蹈动作与音乐的内涵进行完美的结合，这样舞才能跳得更有韵味，才能升华。

（四）基本舞步的分解练习

选择练习舞步应抓住基本，少而精，对初学者来说有 5～6 个动作即可，关键是练习时对其精雕细刻，做到位，在前一个动作没有准确完成时，教师不可以轻易教授第二个舞步。初学时应先学好下列舞步：

①前进基本方步；②后退基本方步；③90 度左转步；④ 90 度右转步；⑤左转步（135 度）；⑥）右转步（135 度）。每个舞步均用两个小节的音乐，六步完成两次为好。

（五）基本舞步与花样舞步的组合练习

不管是自娱性的舞厅舞，还是参加比赛或表演的当代国际标准舞，均应连续不断、流畅而完整地跳 2～3 分钟。在自娱性的舞厅舞中多是根据音乐和场地上情况的变化，舞者随意编排，反复组合各舞步去跳，而标准舞的比赛或表演中，多是按事先编排好的固定组合去跳，所以练习体育舞蹈单个动作是基础，组合和整套动作是目的。当学会多个单个动作之后，应将这些动作前后串联起来去跳，初学者开始可将 5～6 个动作组合起来进行练习，中等水平可将 8～10 个动作组合起来进行练习。

二、华尔兹动作的教法

（一）电化教学

通过观看国际、国内比赛的录像资料等教材，有针对性地进行教学，能让学生建立正确的动作概念、形象的音乐及动作感觉，同时也能激发学生的学习动机，提高学生的积极性。

若条件允许，则可利用摄像机将教学过程分阶段摄录，便于检查教学效果，使学生自己看自己，从而发现并纠正错误，达到教学目的。

但是，为了提高接收信息感觉的准确程度，要使学生知道看什么，怎么看，为什么看，带着问题有目的地去看。

（二）“带练”法

体育舞蹈是一项实践性运动，练习是习舞者不可缺少的重要环节。体育舞蹈练习一般以自练、对练贯穿始终。然而对初学者来说，在双方都不太会的情况下只通过自练和对练是提高不了练习效果的，甚至会给动作带来一定的局限性。因此，应在自练和对练的过程中加以“带练”作为基础，也就是说在自练和对练中教师可先有针对性地进行“带练”练习。

“带练”分为两种：教师“带练”及学生“带练”。

教师在讲授新的内容或复习课之前，用背面示范带领学生进行练习的教学方法叫教师“带练”。这是主要领带法，也是直接关系到教学质量的主要环节。

让部分学得好的学生先掌握舞蹈的动作，然后再让学得好的学生带学得不好的学生练习，会跳的学生带不会跳的学生练习，节奏好的学生带节奏差的学生练习叫学生“带练”。这样既保证了学生的学习效果，又使学得差的学生提高了信心，同时也让学得好的学生得到了一次实践动作的机会，提高了掌握动作的能力。学生“带练”是提高教学质量的重要补充。

（三）讲解与示范法

1. 示范的阶段性特点

体育舞蹈的教学示范必须一直贯穿整个教学过程。示范是直观教学的基本手段之一。因各个阶段的目的、任务、要求不同，示范的方法亦有不同。

(1) 讲解前的示范

大学生在初学体育舞蹈的时候，教师首先要进行完整舞蹈和基本舞步动作的示范。要求教师的示范具有很强的吸引力，具体表现在示范的时候，教师应注意着装、仪容、仪表、仪态；示范动作的准确、规范、熟练、优美；动作与音乐和谐一致以及示范面正确。目的是让学生看清动作的基本特点和舞步的基本结构，初步建立一个完整正确的动作概念，激发学生的学习欲望。

(2) 讲解后的示范

教师做动作的时候，要有意识地减慢速度，让学生更加清楚地看清每一个动作，弄清基本舞步的变化以及行进的方向、路线。

（3）练习过程中的示范

练习过程中的示范，教师一方面可将动作做得夸张、明显一些，也就是动作的幅度加大，突出其重点、难点进行示范。另一方面，教师还要随时变换方向和位置进行示范和教学，让学生了解无论方向、路线怎么变化，其基本舞步的结构不会变，灵活掌握动作要领，并能运用自如。

（4）掌握基本动作后的示范

在学生有一定基础之后，应重点强调动作的规范化、优美化，要求节奏能够更加准确。教师应多进行成套动作的示范表演，要求学生重点看动作的姿态、幅度的变化和动作间的衔接以及与音乐节奏的吻合等。

2. 讲解的阶段性特点

讲解与示范一样，在不同的教学阶段有不同的要求，所以也具有阶段性的特点。

（1）练习前的讲解

主要应讲解舞蹈的基本特点和要求。在高校华尔兹教学活动当中，首先要介绍华尔兹的特点：步法简单，节奏清晰，旋转性强，动作优美，典雅大方，舒展流畅。采用 3/4 拍或 6/8 拍的音乐节奏，不分快慢，每拍一步，形成一种自然起伏的波浪状态，使学生对华尔兹舞有一个初步的了解，并且在脑子里有个总体概念。

（2）练习过程中的讲解

练习过程中的讲解，应将动作进行分解剖析，先讲步法的动作和动作的速度变化（华尔兹舞的动作速度为蓬、嚓、嚓），再讲身体变化规律，然后再讲上体和头部的动作。

（3）掌握一定的基本动作后的讲解

学生掌握一定的基本动作后舞姿动作要求规范化，教师应该根据学生掌握的实际情况，进一步地对舞蹈动作进行分析，强调基本舞步的典型特点和要求，指出不足之处。讲解要少而精，突出重点、难点、语言要生动、形象，尽可能采用一些单字的提示讲解，如“降、升、升”“转、并、下”等，这些提示性的讲解能够有效地加快学生的记忆和掌握动作的速度。

3. 讲解与示范的有机结合

在高校华尔兹的教学中，教师有时先讲解后示范，有时先示范后讲解或边讲解边示范。当学生有一定的基础后，除教师亲自示范外，有条件的情况下，可采用录像和电影教学，结合录像和电影中表演者的动作，有针对性地讲解，找出差距和原因后再进行练习，不断提高舞步的技能、技巧。

高校华尔兹的教学方法主要有：带练法、讲解示范法、意念法、点化法。除此之外，常规体育教学方法也较为适用。

无论采取哪种教学方法及程序，目的只有一个：提高教学质量，更有效地完成教学任务，取得最好的教学效果。也就是说，能最有效地完成教学任务的教学方法和程序就是好的教学方法和好的教学程序。

三、翻转课堂教学模式在高校华尔兹教学中的实践应用

（一）翻转课堂的理论依据

1. 翻转课堂的特征

翻转课堂是一种教学模式，即课下以看视频的方式取代教师课上的教学。而在课上以师生之间互动讨论为主。这种方式打破了以往学校“老师课堂授课，课下学生写作业”的模式。翻转课堂的特征表现在以下几个方面：

（1）就教学程式而言，翻转课堂打破了以往教学的课上和课下的知识教学程式，其注重课下学生对知识的主动学习和吸收，课上则主要是师生之间的沟通，教师负责解答学生的难题，学生通过小组合作、探究、学习，掌握知识。

（2）就教学观念而言，翻转课堂从学生的个性出发，让学生主动学习知识，这和传统授课以教师为中心的方式不同。

（3）就教师和学生的关系而言，以往的授课模式是教师传播知识，学生被动汲取知识。而在翻转课堂中，教师从绝对的主角转变为引导者，而学生则从知识的被动接收者成为主动学习者。

（4）就教学资源而言，以往的教材、板书等转变为先进的网络视频，学生按照自己的兴趣和已有的知识储备浏览、复印、重复记忆学习的重点。而这些教学网络视频也使以往授课中学生学习的僵化模式被打破，提升了学生自主学习的能力。

（5）就学习方式而言，翻转课堂趋向于针对问题的探索合作模式，这可以增加师生之间、生生之间的沟通，也可以发散学生思维，让学生的个性充分显现。

2. 翻转课堂与其他教学模式和方法的不同

（1）有利于学生个性展示和自主学习

学生在翻转课堂里，不论是课前还是课上都可以从自身的知识储备

出发，调整自己的学习方式和进程，而不必像以往那样必须和其他同学统一推进，这种学习模式契合自己的态度和基础。而且，学生在遇到问题时也可以得到教师的指导，教师也能够按照学生的个性因材施教，让学生增强自主学习能力。

（2）有利于教学相长

翻转课堂里教师也可以给学生提出问题，但这些问题一定是有深度的、学生喜欢解答的。教师录制视频也可以从学生的喜好出发，增强视频的可读性和可视性。针对学生的学习习惯和学习基础给予必要的帮助。最后，教师按照学生的学习成果进行评价。可见，运用翻转课堂模式对教师来说既是机遇也是挑战。

（3）有利于现代信息技术运用于教学

互联网的发展使学生在学习中不再局限于必要的学习场所和学习时间。过去，因为空间和时间的限制，学生只能根据教师提到的学习资源进行学习，但是在翻转课堂里，通过巨大的互联网知识宝库，教师可以把各种不同的视频信息提供给学生，让学生可以按照自己的喜好、学习基础自主选择学习资源。从这点来看，互联网使师生之间的关系更为融洽，也突破了以往课堂授课的局限。而且，教师也能够利用互联网社交软件及时洞察学生的学习状况。

不过，翻转课堂的运用并不是十全十美的，也存在一些缺陷。例如，缺少必要的硬件支持，而且学生长期观看视频难免会影响眼睛。同时，学生是否能掌握知识点，教师是否能够控制课堂上的师生沟通，学生的学习是否有效等，这些都是不确定的。

（二）运用翻转课堂教学模式的具体策略

1. 课前运用策略

翻转课堂教学模式主要分为课前和课中两大模块，二者相互依存、相互影响。在高校体育舞蹈教学中应用翻转课堂教学模式，必须在课前模块中做好充分的准备，具体从两个方面做起。

（1）教学视频的制作

翻转课堂教学模式的实现主要依赖于课前的教学视频。通常来说，学生的注意力维持时间为10～15分钟，为了有效提高翻转课堂教学模式的运用成效，国内外学者认为，基于翻转课堂教学模式的教学视频应该尽量维持在10分钟左右，其目的主要是充分保障学生的教学视频观看效率。在高校华尔兹舞蹈教学中运用翻转课堂教学模式，其教学视频的长度也应该维持在10分钟左右，如有特殊情况也可以适当延长教学视频的时间长度。

翻转课堂教学视频的制作对于普遍缺乏丰富信息技术知识的高校体育教师来说无疑是一项不小的挑战。为了提高教学视频的制作质量，高校体育舞蹈教师必须不断进行信息技术知识的学习，也可以在计算机教师的帮助下完成体育舞蹈教学视频的设计与制作。

(2) 反馈练习的设计

观看教学视频之后并不代表学生已经掌握了教学视频中的教学内容，为了检验学生的教学视频观看效果，巩固学生的学习效果，教师在教学视频结尾处还应该适当设计几个问题让学生解答。学生必须通过相关网络平台上传解答的问题，教师也必须对其进行及时有效的审阅，掌握学生的课前学习状态，从而科学调整课堂教学内容。如学生通过微信平台观看完“华尔兹的基本姿势”的教学视频之后，通过微信的评论功能解答教师提出的两个问题：①华尔兹舞者原地站立的身体姿态是什么样的？需要注重哪些技术要领？②华尔兹舞步的重心升降技术需要注重哪些技术要领？因微信具有姓名显示功能，所以教师可以及时地掌握每一位学生的课前学习情况。

2. 课中运用策略

翻转课堂教学模式的课前运用虽然重要，但是翻转课堂教学模式在课中的运用同样不可小觑。基于翻转课堂教学模式的高校华尔兹舞蹈课教学需要把握好四个方面。

(1) 课前视频教学内容的回顾

课前教学视频是翻转课堂教学模式的灵魂，不能让学生仅仅在课前观看结束之后就草草结束。在正式的课堂教学导入阶段，教师还需要带领学生对课前教学视频进行一个简要的回顾。通过教师的问题引导，使学生认真地对课前教学视频进行回顾，对于接下来的课堂教学具有一定的促进作用。

(2) 基本的体育舞蹈技能练习

体育舞蹈有别于一般的理论课，它是一项非常注重运动技能练习的课程。在翻转课堂教学过程中，教师在课前教学视频内容的回顾之后，需要进一步引导学生对课前教学视频中基本的体育舞蹈技能进行练习。例如，在执教“华尔兹的基本姿势”一课时，教师可以先进行华尔兹基本姿势的示范，然后要求学生独自进行练习和体悟。经过几轮反复练习，使学生对于华尔兹的基本姿势有所掌握。

（3）有效的自主体悟及合作学习

翻转课堂教学模式的一个重要特点就是学生在课中学习阶段必须要对相关的重难点问题进行自主体悟和合作学习。自主体悟有助于学生发现自身在学习过程中所存在的诸多问题，合作学习对于解决问题具有重要的促进作用。在高校体育舞蹈课教学阶段必须组织学生进行相关的自主体悟与合作学习。例如，引导学生对华尔兹的基本姿势练习完毕之后，要求学生对自身在练习过程中所遇到的练习难点进行思考，然后再与同学一起讨论，合作学习，相互之间借鉴经验，最终有效化解自身在练习过程中所遇到的难题。在学生合作学习的过程中，如果遇到难题一时无法攻克时，教师要适时介入，给予学生一定的启发和指导。

（4）有效评价及精心设计的结尾

在课中教学阶段，教师除了要把握上述几个重要教学步骤之外，还需要对学生进行科学的教学评价。翻转课堂教学模式下的教学评价与传统教学模式下的教学评价没有太大差异，通常由教师评价、生生评价、自我评价三种方式组合而成。例如，执教“华尔兹的基本姿势”一课时，学生经历完自主体悟与合作学习之后，教师首先要求学生对本节课中自身的学习情况进行评价，然后要求生生之间进行相互评价，最后由教师进行总结性的评价。课堂结尾阶段最为重要，必须精心设计，并要求学生在课后对本节课的学习进行反思和总结，对相关的体育舞蹈技能进行巩固性练习。精心设计的结尾对于提高翻转课堂教学效率非常重要。

总之，国内关于翻转课堂教学模式的实践和研究越来越多，作为高校体育舞蹈教师，在翻转课堂教学模式的运用与普及过程中，要勇于实践，勇于探索，使翻转课堂教学模式能在高校体育舞蹈课堂中更加有效的运用，不断提高高校体育舞蹈课堂教学质量。

第二节　探戈教学理论与实践

一、探戈舞教学内容设计的原则与思路

（一）设计原则

探戈舞教学内容设计原则指的是在进行探戈舞内容选择与设计时应遵循的基本准则，它既是探戈舞单个动作选择的依据，又是探戈舞成套动作设计的依据。为了保留探戈舞的精华及其推广探戈舞，教学性探戈

舞的内容设计既要充分体现探戈舞的特色，又要充分考虑大学生的舞蹈基础与身体素质基础。据此，教学性探戈舞的内容设计应遵循以下原则。

1. 科学性原则

科学性原则是指探戈舞教学内容设计必须符合体育教学的基本规律，符合大学生的身心发展规律，符合体育舞蹈自身发展的内在规律等。

2. 实用性原则

实用性原则是指探戈舞的内容选编必须对于大学生的技能学习与掌握具有实际价值，对于大学生体育文化素养与身体心理素质的提高具有实用效果等。

3. 简易性原则

简易性原则指的是探戈舞教学内容设计必须根据大学生的舞蹈技术基础与身体素质基础，对竞技探戈舞中难度较大的动作予以删除或改编，实现技能动作的简化。

4. 安全性原则

安全性原则指的是探戈舞教学内容设计必须考虑动作安全、器械安全与环境安全等教学安全因素，从而保证在探戈舞教学过程中避免学生出现运动损伤或各种安全事故，提高教学安全性。

（二）主要思路

探戈舞教学内容设计的基本思路是根据上述设计原则，将现有的竞技性探戈舞单个动作改编为适合大学生习练的教学性探戈舞基本动作；将现有的竞技性探戈舞成套动作改编为适合体育课教学的探戈舞成套动作。这一基本思路既符合探戈舞教学性内容设计原则，也符合体育课程内容改革的一般规律，即竞技与教学的项目内容可以因难度的增减或要求的变化而实现有条件的转换。为了贯彻上述内容设计的基本思路，采取专询调查法，对现有竞技性探戈舞所包含的基本动作进行了难度判定，对难度大与安全系数小的动作予以剔除，保留难度中或小的动作作为探戈舞教学的基本内容。同理，选择了一套由中国体育舞蹈联合会官方网站推荐的“竞技探戈舞全国版成套动作”，并对其采用专家调查进行难度判定，剔除其中难度大的动作，进行重新改编，使之成为适合教学的探戈舞成套动作。

二、探戈舞基本动作的内容设计

（一）竞技性探戈舞基本动作的筛选

笔者通过对 15 名具有丰富体育舞蹈教学经验的专家教授进行“探戈舞基本动作的难度判定调查”将判定“难度大”的专家人数换算为“持肯定评判的累计频数（%）”，得到了表 5-1 的结果。

表 5-1　竞技性探戈舞基本动作的难度调查结果

序号	基本动作	动作要领	持肯定评判的	
			人数（人）	累计频率（%）
1	常步	男进左，女退右，强烈侧身动作；男进右，女进左；男右肩引导，女左肩引导	5	33.33
2	旁进步	男进左，女退右；男左肩引导方向约 90°前进，女右退约 90°方向；男收右脚，女收左脚	7	46.67
3	左转步	男左进，女右退；男右脚旁步稍靠后，女左脚旁步稍靠前；男右脚后退，女左脚前进；男左脚旁步稍靠前，女右脚旁步稍靠后；男右脚向左脚并步，女左脚向右脚并步	5	33.33
4	行进连接步	合位或走步第二步，男左进，女右退。男右脚旁步稍靠后，左脚虚步，内并进位，左膝弯曲内收，身体向右转正，迅速摆头面向中心线；女左脚虚步，右脚虚步，成并进步，右膝弯曲内收，身体正对男伴，迅速摆头面向中心线	6	40.00
5	并进连接步	男左旁步，女右旁步。男右并进步，右脚落地后转身开始左转；女左脚并进步，左脚滞后于男步右脚，落地位置应较男伴右脚远些，落地后以左掌为轴，迅速左转。男左旁步，虚步，左膝内收，摆头面对中心斜线；女右旁步，虚步，右膝内收，摆头面对中心斜线	8	53.33

续表

序号	基本动作	动作要领	持肯定评判的	
			人数（人）	累计频率（%）
6	直行串步	男进左，女退右；双方适度右转，男迅速改变右脚方向，女在横移中改变左脚方向，形成面墙位	7	46.67
7	并式滑行步	男进左，女进右，身体相对移动；男进右，女进左；男进左，女进右转180°，侧身位相对；男女并步相对	8	53.33
8	四快步	男进左，女退右。男左肩引导，女右肩引导。男退右，身体约90°转；女进左身体约90°转；男退左，女进右；男退右。女退左，形成面墙位	9	63.00
9	摇转步	男右重心前移，女右重心后退；男左重心后移，女右重心前移；男右重心前移，女右重心后退；男右退，女左进	7	46.67
10	并进外侧步	女左脚并进步，男左脚旁步稍靠前；女右脚旁步稍靠后，头摆回面对壁斜线；男右脚右外侧前进头摆回面对壁斜线，女右脚后退	11	73.33
11	后退截步	男左进，女右退；男左肩引导约45°左转，女右肩引导约45°右转；男右脚并左脚，女左脚并右脚	7	46.67
12	分式左转	男进左，女退右。男进左，进右转180°；女退右，退左转180°。男退左，左肩引导；女进右，右肩引导。男退右，右肩引导；女进左，左肩引导。男进左，女退右	6	40.00
13	后退左转步	男左腿，左肩向后；女右进，右肩向前。男左足旁步稍靠前，女右脚旁步稍靠后；男右脚向左脚并步，女左脚向右脚并步	13	86.67

续表

序号	基本动作	动作要领	持肯定评判的	
			人数（人）	累计频率（%）
14	扭转	侧行一个慢步，男进右，女进左，男伴在后半拍开始右转身。男右转 90°后，横移左脚，在女伴的前进路线上形成阻拦的态势。女伴在引导下也右转 90°，形成阻拦的态势，并向男伴两脚中间直进右脚。男伴右脚后撤交叉，前掌着地，双脚支撑。女伴在男伴引导下进左脚，左肩引导。男伴用左脚跟、右脚掌一起碾动，右转 180°。女伴右倾斜地绕男伴前进右脚，右转 135°	12	80.00
15	分身	男进左，女进右。双方适度右转，男迅速改变右脚方向，女在横移中改变左脚方向，形成面墙位	7	46.67

在表 5-1 所列举的 15 个基本动作中，专家认为“难度大”的基本动作有“四快步”“并进外侧步”“后退左转步”和“扭转”四个动作，对这四个动作的难度持肯定评判的累积频率均大于 60%。按照社会调查的通用要求，可将这四个动作从探戈舞教学内容中予以剔除，保留 11 个难度中等或偏低的基本动作作为在高校中进行探戈舞教学的基本动作，从而初步确定了表 5-2 的教学性探戈舞的基本动作内容。

表 5-2　教学性探戈舞基本动作的内容确定

序号	基本动作	动作要领	难度
1	常步	男进左，女退右，强烈侧身动作；男进右，女进左；男右肩引导，女左肩引导	小
2	旁进步	男进左，女退右；男左肩引导方向约 90°前进，女右退约 90°方向；男收右脚，女收左脚	中
3	左转步	男左进，女右退；男右脚旁步稍靠后，女左脚旁步稍靠前；男右脚后退，女左脚前进；男左脚旁步稍靠前，女右脚旁步稍靠后；男右脚向左脚并步，女左脚向右脚并步	中

续表

序号	基本动作	动作要领	难度
4	行进连接步	合位或走步第二步，男左进，女右退；男右脚旁步稍靠后，左脚虚步，内并进位，左膝弯曲内收，身体向右转正，迅速摆头面向中心线；女左脚虚步，右脚虚步，成并进步，右膝弯曲内收，身体正对男伴，迅速摆头面向中心线	中
5	并进连接步	男左旁步，女右旁步。男右并进步，右脚落地后转身开始左转；女左脚并进步，左脚滞后于男步右脚，落地位置应较男伴右脚远些，落地后以左掌为轴，迅速左转。男左旁步，虚步，左膝内收，摆头面对中心斜线；女右旁步，虚步，右膝内收，摆头面对中心斜线	中
6	直行串步	男进左，女退右；双方适度右转，男迅速改变右脚方向，女在横移中改变左脚方向，形成面墙位	中
7	并式滑行步	男进左，女进右，身体相对移动；男进右，女进左；男进左，女进右转 180°，侧身位相对；男女并步相对	中
8	摇转步	男右重心前移，女右重心后退；男左重心后移，女右重心前移；男右重心前移，女右重心后退；男右退，女左进	中
9	后退截步	男左进，女右退。男左肩引导约 45°左转；女右肩引导约 45°右转；男右脚并左脚，女左脚并右脚	中
10	分式左转	男进左，女退右。男进左，进右转 180°；女退右，退左转 180°。男退左，左肩引导。女进右，右肩引导。男退右，右肩引导；女进左，左肩引导。男进左，女退右	小
11	分身	男进左，女进右。双方适度右转，男迅速改变右脚方向，女在横移中改变左脚方向，形成面墙位	中

由表 5-2 可见，被保留至探戈舞教学内容中的基本动作难度多为中等或偏小。中等难度的划定标准为专家调查中持肯定评判的累计频率为 40%～60%，40%以下为小难度，而 60%以上为高难度。这 11 个基本动作经笔者组织部分大学生试做试练，绝大部分学生经过一定努力基本都能完成，表明这 11 个基本动作适合作为大学生学习探戈舞的教学内容。

三、提高高校探戈舞教学质量的主要策略

（一）加强推广宣传力度，激发大学生的学习兴趣

1. 观看表演

学校应多组织学生观看探戈舞相关活动和表演，通过举办形式多样和内容丰富的活动和表演，让学生充分认识到探戈舞的魅力和价值。组织学生观看探戈舞表演或比赛就是非常好的宣传形式之一，让学生身临其境感受探戈舞蹈音乐，学生会被舞台中央那一对对年轻舞者展示的潇洒动作、激情和爱情故事的表达所深深打动。

探戈舞表演和比赛，学校可以通过“引进来和走出去”的思路开展。引进来，就是将一些探戈舞的专业表演团队或者大学生探戈舞比赛引入学校，丰富学生业余生活的同时给他们以视觉和听觉的享受；走出去，就是鼓励和组织学生组队参加各层级的探戈舞表演或比赛，对于在表演和比赛中获得优异成绩的，学校要给予奖励和表彰，并配合宣传，提高探戈舞在学生中影响的广度和深度。

2. 网站宣传

校园网站和特色论坛是高校最富人气和信息最密集的地方，利用好网站和论坛对探戈舞进行宣传和推广，对于在学生中营造氛围和提升学生兴趣是十分重要的。

学校可以建立专门的探戈舞网站或论坛，在上面提供探戈舞表演和比赛视频下载，并及时更新全球探戈舞相关表演和比赛新闻及图片。探戈论坛是专门为探戈舞爱好者和专业人士提供交流的板块，学生爱好者可以通过论坛结交更多热爱探戈舞的朋友，发布探戈舞相关活动信息。这既是交友探讨的好去处，更是信息集散地。同时，论坛也可提供关于探戈舞起源、发展历史、技术动作、音频、视频等文献资料舞蹈供初学者或水平不同的学生进行学习研究。

3. 建立俱乐部

高校内各种各样的学生社团和俱乐部如雨后春笋般建立，呈现出了一片繁荣的景象。建立探戈舞俱乐部符合高校学生社团发展的潮流，相当于建立了一支普及探戈舞的生力军。俱乐部应有计划、有目的、有组织地广泛开展各种形式的活动和晚会。活动可分为培训讲座（包括理论知识、拉美风情文化介绍等）和内部舞会（组织俱乐部会员定期开展舞会和习舞）。晚会可以分为俱乐部内部晚会和校园晚会。内部晚会可以在每年招收新会员后组织迎新晚会或在元旦、圣诞节时通过散布在各院

系的会员发动和组织全校师生共同参加全校性的探戈舞晚会。学校探戈舞俱乐部可以同当地体育舞蹈协会、探戈舞协会建立联系和合作关系，向专业协会学习运营经验和获取相关信息，派出会员参加社会上大型的探戈舞专业表演和比赛，以开阔会员的视野，提高会员水平。

4. 组织比赛

高校组织探戈舞比赛不仅可以增强探戈舞在学生中的影响力，掀起一阵探戈舞风和学习探戈舞的热潮，更能让学生直接接触探戈舞，吸引一批感兴趣的学生加入探戈舞练习队伍。各院系可以成立探戈舞兴趣小组或队，以探戈舞俱乐部为班底，吸收一批有兴趣或是舞蹈功底不错的学生共同参与。

学院可以以舞会的形式组织小型比赛，院系比赛可以以个人或年级为单位比赛，待到探戈舞普及程度较广时可以班级为单位比赛。校级比赛可以联合探戈舞俱乐部并以会员为班底以院系为单位组织比赛，比赛程序可以按照初赛、复赛、半决赛和总决赛的方式进行，参照社会上流行的《中国诗词大会》《中国好声音》等热门节目。比赛时间设置可为一个月，比赛月内每周末都安排比赛，这不仅能让有实力的选手最大限度地展示自己的实力，更能引起人们足够的眼球，在校园内刮起一股强劲的探戈之风。

（二）进行探戈舞内容改编，加强探戈舞课程改革

1. 降低动作难度

高校探戈舞普及的主要对象是大学生，他们多数没有舞蹈基础和经验，这就要求对竞技性探戈舞做出适当修改，通过降低技术动作和音乐节奏的难度来让普通的学生就能掌握基本的探戈舞步和技巧，从而增强学生跳探戈舞的愉悦感和兴趣。有该方面实力的教师可以自己改编动作，创编出一套适合青年学生的探戈舞标准动作，以满足广大青年学生学习探戈舞的需求。

2. 增加教学课时

体育课时少，在很大程度上限制了探戈舞的教学质量与效果，因为课时少，不利于教师对探戈舞教学内容进行安排。只有增加探戈舞教学课时，才能够满足学生的需求与完成相关教学任务。

探戈舞的教学方法和手段不能仅仅局限于技术动作简单的分解、讲解示范、重复练习等传统的方式，而应结合多种教学方法，如程序教学法、实习作业法、合作教学法、读书指导法等。在教学中强调以教师精讲、引导和指导下学生自发的学习和练习为主，最大限度地调动学生学

习的积极性、主动性和创造性。

3. 编撰探戈舞教材

教材是表达与阐明教学内容的专用书籍，是进行教学工作、稳定教学秩序和提高教学质量的重要载体。目前，国内还缺乏适合普通高校探戈舞教学的教材，所以，精选教学内容、编撰适合大学体育课教学的探戈舞教材是当下普及与推广探戈舞的一项重要任务。

4. 加强教学研究

国内已开设了探戈舞课程的高校在舞蹈理论教学研究上比较欠缺，对理论教学重视不够，这样较容易产生理论与实践脱节的问题，因此，应该考虑适当增加理论内容教学。对学生相关理论知识的传授还应当扩展到技术课教学的过程中，教师要适时地向学生渗透相关的探戈舞基本知识、技术原理和文化背景等，真正做到理论与实践相结合，便于学生及时理解和消化，以实现理论与技术教学的均衡发展。

此外，必须加强对探戈舞教学的理论研究与探讨，提高探戈舞的科研力度，为高校探戈舞的发展提供科学依据。探戈舞是以肢体反映内在美和艺术性的舞蹈，可以增进身心健康。由于大部分学生没有接触过舞蹈，对探戈舞所具有的健身、健心、美学、社交娱乐等功能尚不能正确地认识，鉴于此，教师对学生要加以引导，让学生能充分地理解探戈舞所表达的文化内涵，从而使学生能够带着良好的心态、愉悦的心情去感受探戈舞的内在魅力。

（三）优化舞蹈教学条件，培养探戈舞师资队伍

1. 建设舞蹈教室

场地设施和器材设备是进行探戈舞教学的必要条件之一，建立完善的舞蹈教室可为学生提供良好的教学环境，良好的教学环境直接影响教师的教学及学生的学习热情，从而影响探戈舞教学的质量和效果。正因如此，加强舞蹈教室建设也成为各体育院系一项要列入整体规划的重要任务。

目前，开设了体育舞蹈课程的高校多数没有配备独立的体验舞蹈教室，均是与体操、健美操等其他课程共用场地，场地设施不能满足教学的需要。在条件允许的情况下，高校应该预留出一部分资金用于改善体育舞蹈的教学环境：应尽力完善木质地板、大镜子、配套的音响设备、视频播放装置以及相关的教学训练辅助设施，让师生能在一个专属于自己的赏心悦目的空间里全身心享受探戈舞的魅力。

2. 开辟练习场地

各高校体育舞蹈课程教学场地质量和数量不足十分普遍，学校应该给予充分的重视，加大对体育舞蹈教学的扶持，增加投入，改善教学设施，增加教学设备，逐步改善教学条件，满足学生的需求。高校还可以通过设立专项资金，用于课程设施的建设，如新练习场地的修建、音响设备的添置等。有关练习场地，除了正常的教学时间开放以外，应减少关闭或限制开放的时间，如果关闭或限制时间较多，在一定程度上会影响学生自由练习时间，从而打击他们的积极性。因此，学校应根据实际情况酌情考虑，最大限度地放宽场地开放时间，鼓励爱好探戈舞的学生进行课后训练。

3. 引进专业教师

高校开设探戈舞教学课程面临的问题之一是专业师资匮乏的问题，不但面临师资数量欠缺的问题，更面临专业师资质量的问题。若这一问题不能尽快解决，将会长期制约探戈舞的教学和推广。

积极引进探戈舞方面的专业人才，不断优化探戈舞的师资队伍，对于高校推广探戈舞教学是十分关键的。同时，对于那些在探戈舞教学、科研和推广方面有突出表现的教师给予奖励，提高他们工作的积极性。目前，高校所面临的探戈舞师资问题在于能够或愿意进入高校的高水平职业现役选手数量有限，中国早期的优秀职业选手在退役后有回归高校从事专业教学的意愿，但他们大多数都是半路出家，不具备进入校园任教的学历，对此，高校可以通过短期聘用的方式引进专业人才进行教学和培训。

4. 培养在职教师

根据各高校现有探戈舞师资状况，大多数教师是半路出家或是由其他舞种转过来教授探戈舞，因此对目前在职教师的系统培养也是各高校探戈舞推广与教学面临的问题。高校应加快对所有体育舞蹈教师的探戈舞教学的短期培训和进修，以提高教师探戈舞专业理论和技术动作水平。在职教师一般具备丰富的教学经验，但仍然要坚持不断地进行知识更新。刚上岗的年轻教师则更应注重通过各种途径来继续学习和提高，如通过培训、进修等促进自己对现有探戈舞教学方法的掌握，不断积累教学经验。

（四）开展探戈舞教学评估，提高探戈舞习练效果

1. 设立探戈技能分级标准

对探戈舞技能进行分级可以满足高校学生各层级水平学生学习的要

求。大致上我们可以按照技术动作难度及音乐节拍快慢将探戈舞技能分为初级、中级和高级三个标准。初级适合毫无舞蹈功底和音乐素养的学生，属于入门级教学；中级适合有了一定舞蹈基础和音乐素养或者是完成了初级舞蹈课程的学生，较之初级教学，中级教学对技术动作和音乐素养要求高；高级则是对技术动作和音乐素养要求最高的级别，必须是具有较高的舞蹈功底和音乐素养或者是完成了中级课程的学生，这一级别应着重强调探戈舞姿动作的规范和与音乐的完美结合。三个级别的划分及与之相匹配的动作套路、具体评价标准尚有待开展进一步专题研究。

2. 建立教学评价体系

考核是对学生阶段性学习成果的评定，而评价体系是否完善决定了考核能否对学生的学习成果进行公平、公正的衡量。因此，探戈舞教学应优化评价体系，对学生进行科学的、多方位的评价。

探戈舞教学评价体系应该十分重视学生舞蹈学习的综合情况，不但强调理论知识与技术，也重视学生的学习态度、情意表现与合作精神等方面的发展情况，这样才能真正体现评价的科学性与合理性，从而保证评价与课程目标的一致。此外，高校探戈舞教学必须根据技能分级标准建立多层次和多维度的综合评价体系。

3. 加强学生习练指导

技术动作的教学是整个探戈舞教学过程的核心环节，通常包括形体训练、技术动作和身体素质训练。形体训练类似其他体育舞蹈，应包括一般形体训练和专项形体训练。一般形体训练在操作过程中，主要是采用形体芭蕾的一些方法进行训练，如芭蕾手位、把杆训练、跳跃、旋转等练习，主要目的是训练练习者基本的身体姿态和舞蹈意识。任课教师应强化对学生一般形体的训练，因为绝大多数学生在之前几乎没有体育舞蹈基础，更没有接触过探戈舞。

多数高校探戈舞教学还处在刚起步阶段甚至还未开设相应课程，课堂技术动作教学的内容容易局限于基本技术及规定套路的学习，难以向竞赛表演套路及双人舞技巧等较难技术内容推进，很大程度上影响了学生专项技术水平的进一步提高，这就要求任课教师必须有针对性地加强学生在专项技术水平方面的指导。总之，探戈舞教学应将学生习练摆在重要的位置，没有重复练习，探戈舞蹈技巧不可能达到理想的水平。

4. 促进学生身心发展

探戈舞的美感特征对促进学生身心发展极为有益。探戈舞的人体美表现为男子健壮有力、修长稳健，女子均匀有致曲线美。探戈舞所展现的人体美具有鲜明的民族特征。以体传情，形神兼备。探戈舞中男士着紧身衣裤，上衣多为宽松式长袖衫，女士则穿露背露腿的草裙式短裙，展现出浓郁的拉美风情。探戈舞中的动作造型美，男女舞伴“动”“静”造型的交相辉映赋予体育舞蹈丰富的表现手段。探戈舞的音乐美，作为舞蹈的灵魂，音乐以其优美的旋律、鲜明的节奏、多彩的风格使探戈舞的艺术表现力更加丰富、更加动人。

探戈舞具有时代性、潮流性的特点。它以规范健康的舞蹈内容给青年学生以深厚的体育文化教育，培养大学生欣赏美和终身体育锻炼的意识，有力地促进了学生身心健康发展。

第三节　快步舞教学理论与实践

一、高校快步舞教学开展的价值

（一）快步舞优势在高校推广中的作用

快步舞因为较为轻快的舞步而出名，因其舞姿活泼轻快，极具特色，受到人们的喜爱和欢迎。快步舞最初源于英国，作为黑人土著的土风舞而存在。随着时代的变迁，这一舞蹈也不断发展，具有了鲜明的特点，逐渐演变成为今天的快步舞。在西欧国家中，快步舞足以与华尔兹相媲美。在英国，早期快步舞和狐步舞结合在一起，并衍变成舞步优美的快步舞。因而后人也可以从快步舞的舞姿中发现狐步舞的相关动作，后来所引入的芭蕾动作使得舞蹈更加灵活优美。快步舞音乐 4/4 拍，每分钟 50 小节，基本节奏是慢慢快快（SSQQ）、慢快快慢（SQQS），在风格上具有激情，舞步洒脱欢快，富有感染力及表现力。

在第一次世界大战时期，快步舞在纽约郊区得到了一定的发展，最开始的时候，只有在加勒比地区流行及一些非洲黑人跳。随着快步舞的不断普及，其在音乐厅开始登场并在美国舞厅得到流行。随后，快步舞在发展的过程中也发生了一些变化，之前舞步较快的拍子逐渐减慢，快步舞则被视为是狐步舞的快速版本（每分钟 48 小节）。

从本质意义上来说，快步舞是摩登舞的一种，在 20 世纪 80 年代的时候，引进我国。我国在 1990 年举办亚运会之后，组织并成立了中国体育舞蹈联合会，通过各种媒体宣传及舞蹈竞赛的方式，促使我国的舞蹈事业有了较大的发展。

（二）快步舞的特点和技术风格

1. 快步舞的特点

快步舞是摩登舞的一种，且极具特色，在结合了狐步舞及芭蕾舞的一些动作之后，与其他的四种舞蹈相比较，快步舞的舞姿更加优美，拥有别具一格的美丽和特色。快步舞的动作是轻快的、灵活的，能够显示出激情和朝气，让人们感叹其中的青春灵动。在观看快步舞的过程中，人们也能够从中获得欢快的心情。快步舞能让观看者在一种欢愉的氛围中观看，因此，快步舞的别名也叫作“欢快舞”。如果要更好地展现出快步舞的特色，则可以通过比赛等方式。近几年来，世界体育舞蹈联合发布的舞蹈竞赛体系表明，主要通过动作质量、姿态平衡、动作与音乐以及双人配合技术及编舞特色与舞蹈表现几个方面来判断舞蹈技术。在这几个方面也可以很快地看出快步舞的技术特点，且专家通过对快步舞的这几个方面的评价也能给予普通高等院校校园体育生活较为合适的建议。

国内外对于快步舞的文献资料是比较少的，因而本文主要通过观看视频及影像资料来了解快步舞的技术特点。通过观看视频发现，在双人快步舞中，首先能够直观地看到女士舞姿的柔美以及男士舞姿所代表的男子气概。在舞蹈的过程中，女士的手臂就像柔软的丝绸一样，紧紧地缠绕着男士，富有极强的延展性。而男士的手臂虽然看起来是柔和放松的，实际上却承载着女士的身体，起到一定的支撑作用，非常有力量。双人快步舞需要两人默契的配合。快步舞是极具延展性的，两人之间在架构上具有一定的空间感。例如，在封闭式的舞姿转换到侧行位、退并步或者女士在外侧位置的时候，作为女士最为理想的状态是在延伸的基础之上，保证自己身体线条的流畅，在舞蹈的时候要有一定的空间感，即突出女士的“胸腰”。而男士的理想状态则是肩胛骨向下延伸，手肘向外延伸保持匀称，并强调手部背部的线条感。因而，男士要注重使用背部肌肉的收缩来拉伸自己的肩部线条，且不能使用三角肌的力量促使其提高手臂而破坏美感。在进行快步舞的时候，女士的身体从左侧开始打开，双方的力量自下而上。女士的腰部要以膝关节以及肋骨以下的位置作为重要接触点，向男士靠拢，并形成一条柔软的弧线。且女士的臀部也要保持向内收紧，并延展向垂直的方向，这样在舞蹈中也能够体现出柔软的女士之美。女士在舞蹈的时候与男士的贴合不宜过紧，过度夸张的贴合不利于向观众传达舞蹈的优美度，应该控制在适合的范围内，这样也能够促使双方的舞蹈动作更加顺利的进行。在合适的位置上，双方不仅有各自的重心，并保持统一，而且在舞蹈中都能够轻松自如。

在进行快步舞的过程中需要保持静态和动态的平衡，与此同时还要通过一定的基本功保持舞蹈动作的协调一致。这里所说的平衡是变化之中的平衡，而非一种固定的初始状态。当然在快步舞中也确实有静态的平衡，但是这种平衡一般体现在舞蹈的定点以及在舞蹈的展示与练习中出现。一般来说，一个优秀的快步舞选手能够很好地运用自己的身体力量进行倾斜、反身、摆荡以及升降几大技巧。在双人快步舞中，要保持舞蹈的平衡首先要做到单人的平衡，在此基础之上才能使得快步舞到达最优美的状态。

2. 快步舞的技术风格

现阶段，快步舞的发展随着传入不同的国家，随着时代的进步和发展，其技术、风格都发生了很大的改变。如今，主要存在着以“英式风格”“意式风格”及“混合风格”为主要特点的快步舞的技术风格。

快步舞最初起源于英国，发展了黑人的土风舞，在经历了欧洲运动及文艺复兴运动之后，快步舞也具有了“英式风格”特色。这一特色主要表现为具有刚柔并济的风格，并具有一定的激情，洒脱自然，节奏欢快。同时在舞蹈的时候，还伴随着一些新技巧的跳跃动作，这些特点都具有一定的“英式风格”，能够体现出英国人追求自由和享乐的精神。这时，快步舞也成了英国上流社会的一种流行舞蹈和社交工具。快步舞在舞蹈的时候也特别强调男女舞伴之间的相互默契配合以及认真度。因此，只有在相对安静的环境之下才能使双方更具默契以及集中精力去完成那些难度较大的舞蹈动作。在较为早期的英国舞厅中，还常常贴有“要说话，请离开舞场”的标语，这也显示出“英式风格”的快步舞比较注重舞蹈的规范性。与此同时，“英式风格”的快步舞还非常注重舞蹈所体现的力量，并主张通过舞伴之间的力量提高舞蹈的美感以及互相接触的稳定性。

20 世纪 90 年代以前，快步舞的风格主要是“英式风格”。但是随着快步舞的不断发展，其不断流传到不同的国家，并形成了具有其他国家特点的快步舞风格。其中“意式风格”的快步舞是非常有名的。“意式风格”的快步舞与“英式风格”的快步舞完全不同，改变了“英式风格”的一些温文尔雅的特点，在舞蹈的连接、把握程度以及动作呈现环节发生了一些新的改变，形成了自己独特的风格，使得舞蹈动作更加复杂，且改变了快步舞的一些理念，从过去的“跳自己的舞”转变为“为什么不一起跳”。在舞蹈的思想上更具创新，这一创新当然也遭到了很多舞蹈前辈的批评，他们认为，这一创新使得女舞者需发挥上半身更多的力量，违背了之前的舞蹈方式，不具备优雅性。但是不管怎么说，“意式风格”的快步舞经过不断的发展已成为现今的一个比较著名的快步舞风格，深受大众的喜爱。

虽然“意式风格”的快步舞异军突起，但是“意式风格”的快步舞仍然有很多的缺点和不足之处，这时候传统的“英式风格”的快步舞的优势也逐渐体现出来，因而又渐渐形成了既具备“意式风格”又兼具“英式风格”的快步舞。舞者在舞蹈的过程中既保持了“英式风格”的优雅，又延续了“意式风格”的强劲，形成了一种混合性的快步舞风格。随着时代的不断发展，人们对舞蹈的需求也在发生着改变，在舞蹈的评分标准上也有了很多的创新之处。

二、高校快步舞教学的推广与实践路径

（一）观看快步舞比赛，加大宣传力度

要在高校中加强对快步舞的宣传力度首先可以通过观看专业快步舞比赛和表演的方式，学生在观看表演的过程中也能够产生对快步舞的了解，充分认识到快步舞的魅力，并产生学习快步舞的兴趣和热情。因此，快步舞需要师生去推广，特别是有组织、有计划、有目的地进行推广，要加大宣传力度，就要充分利用报纸、杂志、电视、电影、网络等各种媒体进行大力宣传，才能在较短的时间内收到较好的效果。

在开展快步舞的表演和比赛的过程中，学校可以采取“走出去和引进来”的策略。这主要指学校还可以鼓励自己学校的一些快步舞选手参加外校或者全国组织的快步舞比赛，并为这些选手提供一定的资源和平台。如果这些选手在比赛中获奖学校也应该给予相应的奖励和表彰，在校园内进行一定的宣传，这样也可以展现出学校对快步舞的重视，扩大快步舞的影响力，激起学生学习快步舞的积极性。“引进来”则主要是指在优秀人才以及节目表演方面，可以引进一些优秀的快步舞人才作为舞蹈教师，指导学生学习更为规范的快步舞。同时也可以从外部引进一些专业的快步舞表演团队或者快步舞个人表演者来学校进行表演，在丰富学生的课余生活和精神世界的基础之上也可以让学生直接感受专业快步舞的魅力。这也能够体现学校对快步舞的重视。对具有快步舞技巧和表演能力的学生建立保障机制，给予他们深造和学习的机会，也是推进快步舞在高校发展的重要途径。

（二）引进专业教师，提升专业技能

快步舞是一项具有技术性和艺术性等综合性的体育舞蹈项目，从而对担任快步舞教学的教师的要求相对比较高。要进行快步舞在高校的推广，还需解决一个较为严重的问题，即缺乏专业师资力量的问题。现在非艺术学院的高校内部的体育舞蹈教师是比较少的，往往几个教师就负责了全校的体育舞蹈教学工作，这种情况一直持续下去是不利于快步舞的发展的。通过相关调查和研究发现，高校的快步舞专业性较强的教师比较少，这也在一定程度上制约了快步舞的发展，无法教授给学生更加专业的快步舞知识和舞蹈动作。高校应不断从外部引进一些专业体育舞蹈教师特别是具有快步舞特长或曾经参加过国家快步舞比赛的专业教师，优化和充实学校的快步舞师资队伍。同时学校在引进专业人才之后，为了留住人才，对于那些参加快步舞比赛获得名次以及在科研和推广上做出成绩的教师要给予一定的奖励，这在一定程度上可以激励教师不断进行科研和舞蹈动作创新。现阶段，高校之所以存在教师不足的问题，一个重要的原因在于一些优秀的快步舞者不具备高校招聘舞蹈教师的资格。因此针对这一情况，学校应该适度改变对高校舞蹈教师的招聘方式，可以采取短聘的方式吸引更多的人才，高校现有体育舞蹈教师应该不断学习，不断提高自己，掌握更适合学生的教学方法。

（三）设计教学内容，完善教学计划

快步舞的教学内容以设计原则为基础，然后再以现有的快步舞的动作为基础，结合适合大学生教学的快步舞基本动作。快步舞包括了基本步法以及动作技术。因为在教学中主要以这两个方面为基础制定教学计划，设计思路与制定计划的原则是基本一致的，与体育课程的规律以及教学项目内容是相符合的。为了更好地贯彻计划，笔者对快步舞中的动作进行难度确定，并将一些稍微有难度的动作去掉，保留难度较小的动作作为教学的主要内容。同时，在制定舞蹈动作教学计划的时候，事先对学生之前的舞蹈学习情况进行调查，在了解学生舞蹈基础和教学需求的情况下，对快步舞的动作进行改编和创新，以更好地满足学生的需求，推进快步舞的发展。

（四）建立快步舞俱乐部，扩展课外活动影响因素

大学生的爱好越来越广泛，在高校内部有很多学生自发地建立了很多兴趣社团，如“围棋社”“篮球社”“爵士俱乐部”等，但是通过观察也可以发现，高校的快步舞爱好者俱乐部是非常少的。要有力地推动快步舞在高校的发展就必须不断推进建立其内部的快步舞爱好者俱乐部。

这不仅是推广快步舞走向校园的重要一步，同时也是快步舞爱好者互相交流、互相学习，推动快步舞本土化发展的重要途径。

在高校建立快步舞爱好者俱乐部也就是以高校内部快步舞爱好者的力量来推动快步舞在校内课外体育活动中的发展。因此，俱乐部应该按照一定的目的来计划和组织各项与快步舞相关的课外体育活动与晚会，这些课外体育活动可以包括招收新社员、举办培训讲座、举办快步舞介绍讨论会等，且每周都应该组织俱乐部的会员一起进行快步舞的练习。在各个晚会上，如迎新晚会和元旦晚会，可以鼓励俱乐部的会员参加晚会节目，同时也可以组织具有特色的快步舞晚会。此外，校园内部的快步舞俱乐部也可以与学校当地的体育舞蹈协会以及快步舞协会等建立密切的联系，并从协会中获取与快步舞相关的信息，学习更多的快步舞相关知识，以争取在校内建立一支专业的快步舞队伍。同时，通过俱乐部会员和快步舞爱好者的作用，去影响周围更多的人喜爱快步舞，从而促使快步舞得到进一步的推广和发展。

参考文献

[1] 何波．高校体育舞蹈课程研究与科学教学指导［M］．北京：中国水利水电出版社，2017.

[2] 杨辉．“纲要信号”教学法在高校体育舞蹈教学中的应用研究［D］．成都：西南交通大学，2017.

[3] 高富生．《华尔兹》教学案例与反思［J］．中国科教创新导刊，2008（5）：136.

[4] 曹婠．北京高等院校体育舞蹈教育的现状及发展研究［D］．贵阳：贵州师范大学，2017.

[5] 姜芳．参与式教学模式对体育舞蹈课程教学效果的影响［D］．北京：北京体育大学，2013.

[6] 钱宏颖，葛利华．体育舞蹈与排舞［M］．杭州：浙江大学出版社，2011.

[7] 张瑞林．体育舞蹈［M］．北京：高等教育出版社，2011.

[8] 李芳．体育音乐选配与创编［M］．北京：高等教育出版社，2011.

[9] 张瑞林，邹静，宋强，等．体育舞蹈［M］．2 版．北京：高等教育出版社，2011.

[10] 王轲，王家彬．体育舞蹈与流行交谊舞［M］．西安：西北工业大学出版社，2007.

[11] 黄宽柔，姜桂萍．健美操·体育舞蹈［M］．北京：高等教育出版社，2006.

[12] 荣丽．体育舞蹈基础教程［M］．北京：北京航空航天大学出版社，2007.

[13] 卞蓓蓓．大学拉丁舞教学的科学化思路［J］．学园，2015（2）：85.

[14] 朱塽．对体育舞蹈教学中实施审美教育的探讨［J］．山东艺术学院学报，2004（3）：75－77.

[15] 李红平．多媒体教学在拉丁舞教学中的优化应用［J］．中国科教

创新导刊，2014 (2)：225.
[16] 李婷．翻转课堂教学模式在高校舞蹈教学中的应用 [D]．哈尔滨：哈尔滨师范大学，2016.
[17] 王艳飞．翻转课堂在高校体育舞蹈教学中的应用研究 [D]．郑州：河南师范大学，2017.
[18] 晏娟．翻转课堂在伦巴舞基本步动作形态教学的应用研究 [D]．广州：广州体育学院，2017.
[19] 谭鑫磊．翻转课堂在普通高校健美操教学中的应用研究——以长江大学为例 [D]．荆州：长江大学，2017.
[20] 蔡红彬，王荣．关于拉丁舞、摩登舞在高校开展现状的对比分析 [J]．中国科教创新导刊，2008 (2)：150.
[21] 刘阳．高校体育舞蹈教学的实践研究 [J]．当代体育科技，2016 (7)：134.
[22] 曾明．高校体育舞蹈教学对学生身心健康的影响分析 [J]．科技资讯，2014 (33)：137.
[23] 索烨．高校体育舞蹈教学运用音乐——表象教学法的实验研究 [D]．呼和浩特：内蒙古师范大学，2006.
[24] 肖志艳．高校体育舞蹈教学中音乐表象训练法的运用研究 [J]．科技资讯，2015 (36)：256.
[25] 马玲．体育舞蹈礼仪文化透析 [J]．武汉体育学院，2009 (7) 123-124.
[26] 许正勇，高校体育舞蹈开展现状及对策 [J]．湖北体育科技，2009 (3)：340-341.
[27] 苏晓敏，李涛．体育舞蹈的审美特征研究 [J]．赤峰学院学报：自然科学版，2016 (18)：92-93.
[28] 张清澍，陈瑞璋，伏宇军．体育舞蹈 [M]．北京：北京体育大学出版社，2006.
[29] 张春生，滕晓磊．体育舞蹈与健身操 [M]．北京：化学工业出版社，2009.
[30] 胡玉华，皮建英，凌月红．体育舞蹈 [M]．长沙：湖南大学出版社，2008.
[31] 上官来．体育舞蹈教学能力结构的理论研究 [J]．武汉体育学院，2006 (1)：114-117.
[32] 王惊雷．体育舞蹈欣赏探析 [J]．科教导刊，2011 (11)：142.

［33］徐洁．我国普通高校体育舞蹈开展现状及对策研究［D］．武汉体育学院，2007.
［34］金晓阳．培养体育表演专业学生实践能力的研究［J］．教育科学，2007（4）：56－59.
［35］王崇．浅析高校体育舞蹈教学中应注重的几个因素［J］．贵州安顺学院学报，2007（18）：88－90.
［36］兰帆．狐步舞典型技术［D］．北京：北京舞蹈学院，2017.
［37］赵胜国．高校体育专业体育舞蹈课程有效教学的困境与策略［J］．巢湖学院学报，2016（6）：137－142.
［38］代慧君．关于体育舞蹈教学中德育教育实施方法的研究［D］．武汉：武汉体育学院，2014.
［39］胡晓秦．快步舞在普通高校推广的策略研究［D］．长沙：湖南科技大学，2017.